MIX
Papier aus verantwortungsvollen Quellen
Paper from responsible sources
FSC® C105338

Elias Wolff

Europäische Solidaritäten

Von Krisen, Grenzen und Alltag

Diplomica Verlag

Wolff, Elias: Europäische Solidaritäten. Von Krisen, Grenzen und Alltag, Hamburg, Diplomica Verlag 2023

Buch-ISBN: 978-3-96146-955-0
PDF-eBook-ISBN: 978-3-96146-455-5
Druck/Herstellung: Diplomica Verlag, Hamburg, 2023
Covermotiv: © pexels.com

Bibliografische Information der Deutschen Nationalbibliothek:
Die Deutsche Nationalbibliothek verzeichnet diese Publikation in der Deutschen Nationalbibliografie; detaillierte bibliografische Daten sind im Internet über http://dnb.d-nb.de abrufbar.

Das Werk einschließlich aller seiner Teile ist urheberrechtlich geschützt. Jede Verwertung außerhalb der Grenzen des Urheberrechtsgesetzes ist ohne Zustimmung des Verlages unzulässig und strafbar. Dies gilt insbesondere für Vervielfältigungen, Übersetzungen, Mikroverfilmungen und die Einspeicherung und Bearbeitung in elektronischen Systemen.

Die Wiedergabe von Gebrauchsnamen, Handelsnamen, Warenbezeichnungen usw. in diesem Werk berechtigt auch ohne besondere Kennzeichnung nicht zu der Annahme, dass solche Namen im Sinne der Warenzeichen- und Markenschutz-Gesetzgebung als frei zu betrachten wären und daher von jedermann benutzt werden dürften.

Die Informationen in diesem Werk wurden mit Sorgfalt erarbeitet. Dennoch können Fehler nicht vollständig ausgeschlossen werden und die Bedey & Thoms Media GmbH, die Autoren oder Übersetzer übernehmen keine juristische Verantwortung oder irgendeine Haftung für evtl. verbliebene fehlerhafte Angaben und deren Folgen.

Alle Rechte vorbehalten

© Diplomica Verlag, Imprint der Bedey & Thoms Media GmbH
Hermannstal 119k, 22119 Hamburg
http://www.diplomica-verlag.de, Hamburg 2023
Printed in Germany

Inhaltsverzeichnis

Tabellenverzeichnis

Abkürzungsverzeichnis

1. Einleitung 3
2. Chronologische Einordnung der Covid-19-Pandemie 6
3. Theoretische Heranführung: Grenze und Solidarität 10
   3.1 Grenze 10
      3.1.1 Definitionsübersicht 12
      3.1.2 Schengen als Grenzraum 16
      3.1.3 EU-Grenzprozesse 17
   3.2 Solidarität 19
      3.2.1 Definition(sraum) von Solidarität 20
      3.2.2 Transnationale Solidarität 23
      3.2.3 Rechtlicher Wirkungsbereich in der EU 25
4. Methodische Heranführung: Kritische Diskursanalyse 28
   4.1 Die Wiener Spielart: Der Diskurshistorische Ansatz 31
   4.2 Struktur und Analyse von Diskursen 33
   4.3 Materialkorpus 36
5. Analyse der medialen Berichterstattung 38
   5.1 Am Tag der Verkündung EU-weiter Grenzschließungen 38
   5.2 Im Verlauf der Grenzschließung 53
   5.3 Ankündigung der Grenzöffnungen und danach 60
6. Diskussion 66
7. Fazit und Ausblick 73

Literaturverzeichnis 75

Tabellenverzeichnis

Tabelle 1: Diskursive Strategien des Diskurshistorischen Ansatzes 35

Abkürzungsverzeichnis

BMG – Bundesgesundheitsministerium BMI – Bundesinnenministerium

DHA – Diskurs-historischer Ansatz KDA – Kritische Diskursanalyse KDF – Kritische Diskursforschung RKI – Robert-Koch Institut

WHO – Weltgesundheitsorganisation

1. Einleitung

„Internationale, gar globale Solidarität führt die herrschende Politik zwar gerne im Mund, aber faktisch ist es mit ihr nicht weit her, letztlich ist und bleibt sich jede Nation selbst die nächste." (Friedrich-Ebert-Stiftung o.D.)

Dieses Zitat stammt aus einem Interview der Friedrich-Ebert-Stiftung mit dem Soziologieprofessor Stephan Lessenich, der zum Stand internationaler Solidarität während der Covid-19-Krise befragt wurde. Laut Lessenich ist der Wert internationaler Solidarität durch die Corona-Pandemie an seinem Tiefpunkt angelangt. Weltweit fielen Regierungen durch nationale Alleingänge statt Zusammenarbeit auf. Die chinesische Regierung, zum Beispiel, verschwieg monatelang das Ausbruchsgeschehen und verharmloste die Lage (vgl. Shi-Kupfer 2020). Die USA, unter der Trump- Administration, machte allein China für die Virusausbreitung verantwortlich und unter Federführung von Trump wurde mit rassistischen (Feind-)Bildern gearbeitet, wodurch bestimmte Gruppen stigmatisiert und ausgegrenzt wurden (vgl. ebd. 2020). Ähnliche Reaktionen sind weltweit aufgetreten und gaben Anlass zu Zweifeln an einer globalen Solidarität und einer zwischenstaatlich organisierten Zusammenarbeit. Die Mitgliedsstaaten der Europäischen Union (EU) waren ebenfalls von der fortschreitenden Ausbreitung des Virus betroffen und auch hier reagierten die Regierungen unsolidarisch. Zwanzig Jahre nachdem die EU sich das Motto „United in Diversity" gegeben hatte, fielen die einzelnen Mitgliedsstaaten durch ihre Alleingänge und somit vielmehr durch Uneinigkeit als durch ‚in Vielfalt geeint' auf (Europäische Union o. D). Mehrere EU- bzw. Schengen-Staaten setzten das Schengen-Abkommen teilweise oder vollständig außer Kraft. In einer globalen Pandemie handelten die nationalen Regierungen Europas mehrheitlich unilateral. Dabei sind die Gesellschaften in vielen Bereichen wie Wirtschaft, Tourismus oder Wissenschaft global vernetzt und voneinander abhängig. Es ist daher zu klären, wie Gesellschaften staatliche Alleingänge betrachten. Darüber hinaus bedarf es einer Betrachtung, wie Medien, als vierte Gewalt, solche staatlichen Handlungen in einer Zeit ein, in der Krisen keine Ausnahmen, sondern die Normalität darstellen, einordnen. Die EU ist in ihrem Aufbau sowie ihrer Arbeits- und Funktionsweise einmalig. Seit ihrer Entstehung ist sie geprägt von und durch Krisen. In den letzten 20 Jahren war dieses wirtschaftliche und politische Bündnis mit seinen nunmehr 27 Mitgliedsstaaten mit Herausforderungen konfrontiert. Dazu zählen die Eurokrise 2008/2009, die Terroranschläge in Paris, Nizza und Berlin, die Konflikte in der Frage der Migration und Seenotrettung sowie die Klimakrise. Auf diese Krisen reagierten die EU und die Mitgliedsstaaten unterschiedlich solidarisch. Wie verhalten sich die EU, nationale Regierungen und andere Akteur:innen nun in der Pandemiekrise?

Mit der Pandemie erhält das Thema solidarischer Zusammenarbeit im EU-Kontext neue Aufmerksamkeit, die zu einem großen Interesse geführt hat, sich damit auseinanderzusetzen. Auf Basis der oben genannten Überlegungen wird im Rahmen dieses Buches der Frage nachgegangen, was ‚EU-Solidarität' im Kontext der Schengen-Binnengrenzen bedeutet und wie sich dieser Wert im Umgang mit der Covid-19-Pandemie zeigt.

Mit dieser Studie wird das Ziel verfolgt, die verschiedenen Wirkungsebenen von Solidarität sowie die Bedeutung der offenen Binnengrenzen für die Menschen herauszuarbeiten. Aus diesen gewonnen Erkenntnissen können sich mögliche Handlungsempfehlungen für staatliche Akteur:innen ableiten, multilaterale Zusammenarbeit stärker zu forcieren. Das vorliegende Werk ist eine Untersuchung über das Selbstverständnis der vermeintlich offenen Grenzen ‚Europas' aus medialer Perspektive während einer der einschneidendsten Krisen des 21. Jahrhunderts (vgl. Weber 2020). Krisen sind geprägt von ambivalentem Verhalten und die Schengen- Grenzschließungen sind ein Ausdruck von Ambivalenz.

Mithilfe einer Diskursanalyse, in der die mediale Berichterstattung dreier europäischer Länder untersucht wird, soll dieses Ziel erreicht werden. Hierbei werden für jedes betrachtete Land Zeitungen unterschiedlicher politischer Ausrichtungen ausgewählt, um eine Bandbreite gesellschaftlicher Reaktionen einzubeziehen und analysieren zu können. Die Diskursanalyse eignet sich dazu, die Perspektivenvielfalt in den Grenzdebatten herauszuarbeiten, spezifisch für die Schengen-Grenzen.

Die Studie handelt von der Frage nach europäischer Solidarität während der Covid-19-Pandemie und vorrangig in Bezug auf die Grenzschließungen im Frühjahr 2020. Das Verständnis von europäischer Solidarität befindet sich in einem stetigen Wandel. Es wird stark geprägt von den Krisen, mit denen sich die Regierungen und Gesellschaften auseinandersetzen müssen. Aus diesem Grund kann sich das Verständnis von europäischer Solidarität zu jeder Zeit verändern. Zu einem Einschnitt ist es am 24. Februar 2022 gekommen, als Russland die Ukraine in einem völkerrechtswidrigen Angriffskrieg überfallen hat. Dieser Krieg ist ein Game-Changer für die europäische Solidarität. Aufgrund einer erforderlichen Eingrenzung der Thematik und der täglichen Neuentwicklungen in diesem Konflikt kann diese Veränderung der europäischen Solidarität an dieser Stelle nicht behandelt werden.

In dieser Studie wird die mediale Berichterstattung der Schengen-Grenzschließungen aus der Sicht deutscher, österreichischer und britischer Zeitungen analysiert. Das vorliegende Buch beginnt in Kapitel 2 mit einer chronologischen Einordnung der wesentlichsten Ereignisse der Covid-19-Pandemie. Das anschließende dritte Kapitel bildet den theoretischen Rahmen und dient zur Überprüfung der aktuellen Literatur. Hierfür wird das Kapitel unterteilt in ‚Grenze' (Abschnitt 3.1) und ‚Solidarität' (Abschnitt 3.2). In den jeweiligen Unterkapiteln werden relevante Begriffe wie ‚bordering' oder ‚transnationale Solidarität' erläutert. Außerdem werden ‚Grenze' sowie ‚Solidarität' in den europäischen Kontext eingebettet. Im Anschluss wird in Kapitel 4 die Methode der Studie vorgestellt, die Kritische Diskursanalyse (KDA). Hierbei wird auf den Diskurshistorischen Ansatz (DHA) von Ruth Wodak und dessen Besonderheiten eingegangen. Mithilfe dieses Ansatzes wird im darauffolgenden fünften Kapitel die mediale Berichterstattung der ausgewählten Zeitungen aus Deutschland, Österreich und Großbritannien untersucht. Für eine übersichtliche Gestaltung ist die Analyse in drei Unterkapitel gegliedert, in denen in chronologischer Reihenfolge eine Auseinandersetzung mit den jeweiligen Zeitungsberichten erfolgt. In Kapitel 6 werden die Ergebnisse aus Kapitel 5 diskutiert und mithilfe dreier Analysefragen in einen größeren Zusammenhang gestellt. Abschließend wird in Kapitel 7 ein Fazit gezogen, in dem die Forschungsfrage final beantwortet und ein Ausblick auf mögliche Anschlussfelder gegeben wird.

2. Chronologische Einordnung der Covid-19-Pandemie

Der vorliegende Abschnitt enthält einen Abriss der wesentlichsten Daten im Verlauf der Covid-19-Pandemie. Es werden vor allem die politischen Entscheidungen mit Schwerpunkt auf den Grenzschließungen innerhalb des Schengen-Raums abgebildet. Zusätzlich werden vereinzelt die Daten des epidemiologischen Verlaufes aufgegriffen, um den Kontext der politischen Entscheidungen wiederzugeben. Das Kapitel konzentriert sich auf das Frühjahr 2020, da dieser Zeitraum im Fokus der gesamten Untersuchung steht.

Zeitraum März bis Juni 2020

Bevor ein zeitlicher Überblick skizziert wird, werden die zentralen epidemiologischen Begrifflichkeiten erläutert. Die Covid-19-Pandemie geht auf einen bis dato unbekannten Coronavirus-Typ zurück. Der genaue Name des Virus lautet ‚SARS-CoV-2'. Somit gehört das derzeitige Virus zur Familie der Coronaviren, die bereits in den 2000er Jahren einen geringeren Pandemieausbruch verursacht haben. Ende Dezember 2019 trat SARS-CoV-2 erstmalig als unbekannter Erreger in der chinesischen Metropolstadt Wuhan auf (vgl. RND 2022; Tagesschau 2022b). Im Januar 2020 meldeten immer mehr Länder erste Infektionen mit dem neuen Virus – darunter Thailand, die USA, Frankreich und Deutschland (vgl. RND 2022). Am 11. Januar 2020 berichtete die chinesische Regierung über den ersten Todesfall im Zusammenhang mit dem Virus (vgl. Tagesschau 2022b). Die Weltgesundheitsorganisation (WHO), die seit Januar 2020 die Lage in Wuhan beobachtete, veröffentlichte daraufhin Empfehlungen mit Maßnahmen zur Viruseindämmung. Die chinesische Regierung folgte in weiten Teilen den Empfehlungen der WHO. Sie erließ erste Ausgangsbeschränkungen und betrieb eine strikte physische und digitale Nachverfolgung, um das bis dahin unbekannte Virus einzudämmen (vgl. ebd.). Die WHO sprach am 30. Januar 2020 von „einer gesundheitlichen Notlage von internationaler Tragweite", ging aber nicht von einer Pandemie aus und vertrat die Meinung, dass es bei regionalen Cluster-Ausbrüchen bleiben würde (Tagesschau 2022b; RND 2022). Die weltweite Verbreitung des Virus konnte trotz der stark einschränkenden Maßnahmen, die für die Region Hubei und die Metropole Wuhan galten, nicht gestoppt werden. Außerhalb von China waren Italien, Südkorea und der Iran in den ersten Monaten der Coronapandemie so stark betroffen, dass Krankenhäuser keine Patient:innen versorgen oder aufnehmen konnten. Die WHO, das Robert-Koch-Institut (RKI) und führende Virolog:innen und Epidemiolog:innen sprachen im Januar und Februar 2020, trotz der kritischen Situation in

Italien, für die europäische Region noch von einem geringen bis moderaten Risiko der Virusausbreitung (vgl. ebd. 2022). Das Bundesgesundheitsministerium (BMG) veröffentlichte am 26. Februar 2020 Informationen, „dass [es] auf europäischer Ebene […] geplant [ist], Schutzausrüstung für medizinisches Personal zu beschaffen" (BMG 2022). Auch wurde der damalige Gesundheitsminister Jens Spahn zitiert, der folgendes Statement veröffentlichen ließ.

> Die Gesundheitsminister Italiens, Österreichs, Kroatiens, der Schweiz, Sloweniens, Frankreichs und Deutschlands haben sich darauf geeinigt, Reisende von und nach Italien nach dem gleichen Muster über das Virus zu informieren.
>
> Außerdem wollen die Länder epidemiologische Daten sowie Informationen zum klinischen Management der Epidemie zwischen den Ländern austauschen. Generelle Grenzschließungen lehnten die Gesundheitsminister ab. (ebd. 2022)

Die Infektionszahlen stiegen Ende Februar und Anfang März 2020 innerhalb der EU rapide an. Die Tonalität gegenüber dem Virus wurde rauer, so betitelte der Generaldirektor der WHO das Virus als „Feind der Menschheit" (vgl. Tagesschau 2022b). Das BMG informierte knapp zwei Wochen später, am 10. März 2020, dass „seit 4. März […] ein Genehmigungsvorbehalt für den Export von medizinischer Ausrüstung" bestand (ebd. 2022). Ab März 2020 begannen die europäischen Staaten, zunehmend unilateral und protektionistisch zu handeln, anstatt ein multilaterales Zusammenspiel anzustreben.

Der 11. März 2020 markiert den Beginn einer zweiten Phase der Covid-Situation. Seit diesem Tag spricht die WHO von einer ‚Pandemie' (vgl. RND 2022; Tagesschau 2022b). Dies bedeutet, dass es zu einer anhaltenden Verbreitung einer Krankheit auf mindestens zwei Kontinenten gekommen ist. Immer mehr Länder verkündeten Schul- und Ladenschließungen. Zudem kam die Zusammenarbeit der EU-Staaten faktisch zum Erliegen, da die ersten Länder des Schengen-Raums anfingen, ihre Grenzen zu schließen und zu kontrollieren (vgl. ebd. 2022). Österreich begann am 11. März 2020, die Grenzen zu Italien zu kontrollieren. Diese Regelungen galten anfänglich für zehn Tage (bis zum 21. März 2020) und wurden bis Juni 2020 immer wieder verlängert. Ebenfalls am 11. März 2020 erklärte das RKI die französische Region Grand-Est zum Risikogebiet, an die die Bundesländer Baden-Württemberg, Saarland und Rheinland-Pfalz angrenzen (vgl. Grenze der Geographien). Am 12. März 2020 verkündeten Deutschland und Ungarn, ihre Grenzen zu schließen und damit das Schengener Abkommen auszusetzen. Ab dem 16. März 2020 war das Schengener Abkommen faktisch in nahezu jedem Mitgliedsstaat ausgehebelt. Das Schengener Abkommen erkennt in außergewöhnlichen Situationen begründete und befristete Grenzkontrollen bzw. -schließungen an (vgl. Euro-Informationen 2022). Doch sieht das Abkommen keine ständigen Fortführungen der Grenzschließungen mit gleicher Begründung vor. Am 17. März 2020 verkündete Frankreich eine landesweite Ausgangssperre und die Grenzschließungen innerhalb des Schengen-Raums wurden umgesetzt (vgl. Tagesschau 2022a). Deutschland verschärfte die Grenzschließungen am 18. März 2020 mit der Ankündigung Seehofers, die Binnengrenzkontrollen auf den innereuropäischen Luft- und Seeweg auszuweiten (vgl. BMI 2020). Zeitgleich mit den innereuropäischen Grenzschließungen kam es zu Patient:innenverlegungen zwischen EU-Ländern, um stark betroffene Krankenhäuser und

Regionen zu entlasten, zum Beispiel wurden italienische und französische Patient:innen in deutsche Krankenhäuser aufgenommen (vgl. Deutscher Ärzteverlag GmbH 2020). Ab Ende März 2020 wurden daher Forderungen vom EU-Parlament, von Bürgermeister:innen von Grenzstädten oder EU-Bürger:innen gestellt, in denen eine einheitliche europäische Reaktion auf die Pandemie verlangt und ein unzureichendes Handeln der EU kritisiert wurde (vgl. Weber 2020; vgl. Crossey 2020). Die Grenzschließungen innerhalb des Schengen-Raums wurden mit fortschreitender pandemischer Lage in den Grenzregionen kritisch betrachtet. Im Saarland wurde Kritik an den Grenzschließungen geübt, da diese zu vereinzelten feindseligen Einstellungen zwischen der deutschen und französischen Bevölkerung geführt haben (vgl. ebd.). Es wurde trotzdem weiter an eine Zusammenarbeit geglaubt. So veröffentlichten am 2. April 2020 saarländische Bürgermeister:innen YouTube-Videos mit Solidaritätsbekundungen für ihre französischen Partnergemeinden (vgl. Clivot 2020). Die EU-Kommission schlug am 27. Mai 2020 ein 750 Milliarden Euro umfassendes Wiederaufbauprogramm zur wirtschaftlichen Erholung Europas vor, was zu Konflikten zwischen den EU-Staaten führte (vgl. RND 2022). Trotz der anhaltenden Kritik an den Schließungen blieben die Grenzen weiterhin abgeriegelt und die Maßnahmen wurden verlängert (vgl. Crossey 2020, BMI 2020). Mit Fortbestehen der Grenzschließungen wuchs auch die Kritik in den Grenzlagen von Deutschland zu Luxemburg und Frankreich, sodass die Öffnung der Grenzen aktiv eingefordert wurde (vgl. Büffel 2020; Maillasson 2020). Am 13. Mai 2020 beschloss das Bundesinnenministerium (BMI), die Grenzen zu Luxemburg zu öffnen, und verkündete am 16. Mai 2020 weitere Öffnungen zu Frankreich, Österreich und der Schweiz ab dem 15. Juni 2020 (vgl. Tagesschau 2020). Österreich folgte diesem Beispiel am 4. Juni 2020 und öffnete auch am 15. Juni 2020 die Grenzen zu allen Nachbarstaaten bis auf die Grenze zu Italien, an der weiterhin Kontrollen durchgeführt werden sollten (vgl. ebd. 2020).

Ab dem 15. Juni 2020 waren die Grenzschließungen zwischen den EU- und Schengen-Staaten bis auf wenige Ausnahmen wieder aufgehoben. Die EU-Staaten fingen an, gemeinsam mit der EU-Kommission über ein weiteres Vorgehen zu beraten, und es wurde ein System entwickelt, das stärker auf regionale Beschränkungen ausgerichtet war. Damit sollte die Zusammenarbeit wieder aufgenommen werden. Doch die Pandemie hielt an. Im Herbst 2020, bei steigenden Infektions- und Todesfallzahlen, beschlossen die ersten Länder, die Grenzen erneut zu schließen und unilateral gegen das Virus vorzugehen (vgl. ZDF 2021). Für die vorliegende Studie bedarf es keiner detaillierten Übersicht über den weiteren Verlauf der Pandemie. Vielmehr liegt der Fokus auf dem Zeitraum des ersten Halbjahres 2020. Die lange Dauer der Pandemie und die weiteren Ereignisse (europäische Impfaktion, einzelne nationale Wahlen und der Ausbruch des Krieges) können nicht in der Chronologie berücksichtigt werden, weil dies den Rahmen des vorliegenden Werks überschreiten würde.

Die chronologische Erfassung der Anfangszeit der Covid-19-Pandemie dient als thematische Vorbereitung in die Thematik, die sich die Pandemie aus einem Grenz- und Solidaritätsverständnis anschaut.

3. Theoretische Heranführung: Grenze und Solidarität

Nachdem die chronologische Einordnung erfolgt ist, geht es im Folgenden um die theoretische Einführung der Konzepte von ‚Grenze' und ‚Solidarität'. Das Kapitel gliedert sich für das bessere Verständnis in zwei Unterkapitel, die sich unabhängig voneinander mit der Frage von ‚Grenze' und ‚Solidarität' und ihren Bezug auf die Covid-19-Thematik beschäftigen. Die erste theoretische Heranführung beginnt mit der ‚Grenz- Thematik'.

3.1 Grenze

Die Geschichte der EU ist auch eine Geschichte des Abbaus und der Neujustierung von Grenzen. Grenzen bestimmen das alltägliche Leben. Daher ist es essentiell, sie zu definieren und die einzelnen Konzepte in einen Rahmen setzen zu können. Erst dadurch funktionieren sie als analytische Hilfsmittel. Wie Grenzen definiert werden und was darunter verstanden wird, kann durch eine historische Betrachtung des Wortes verfolgt werden.

Der Duden definiert eine Grenze als einen „durch entsprechende Markierungen gekennzeichnete[n] Geländestreifen, der politische Gebilde (Länder, Staaten) voneinander trennt" (Dudenredaktion o. D.). Diese Auslegung von ‚Grenze' ist eine neuere Entwicklung und lässt sich auf die beginnende Nationalstaatsbildung im 16. Jahrhundert zurückführen (vgl. Medick 2016). Medick beschreibt, dass seit diesem Zeitpunkt „Grenze als eine Scheide-Linie zwischen ‚begrenzten' Territorien, Kulturen, Vorstellungs- und Lebenswelten" (ebd. 2016: 37) verstanden wird. Diese Entwicklung führte im 18. Jahrhundert zu einem „zunehmende[n] territoriale[n] Grenzliniendenken" (ebd. 2016: 38).

Herrmann und Vasilache erklären die historische Entwicklung der Neudefinierung wie folgt: „Unser heutiges Verständnis von Grenzen ist stark von einer sehr spezifischen modernen und insofern stark nationalstaatlich codierten Idee der Grenze geprägt. Dieses moderne Grenzkonzept arbeitet wiederum überwiegend mit Metaphern territorialer Trennlinien, Befestigungen, Zäunen und Mauern." (Herrmann/Vasilache 2020: 74)

Aus diesem Verständnis heraus hat sich ein kritischer Umgang mit dem Begriff ‚Grenze' etabliert. Es wurden Ansätze und Konzepte entwickelt, um die ‚nationalstaatlich codierte Idee' aufzubrechen und damit den mannigfaltigen Grenzprozessen und -dynamiken gerecht zu werden. Georg Simmel beschrieb schon vor 100 Jahren den Vorgang, dass nicht Städte, Länder bzw. andere geographisch verankerte Orte ihre Einwohner:innen begrenzen, sondern dass diese sich selbst einschränken (vgl. Simmel 1908/1992). Grenzstudien bzw. ‚border studies' handeln von den systemischen Grenzprozessen, die in den letzten 20 Jahren aufgrund von Kapitalismus, Globalisierung, Europäisierung und dem (vermeintlichen) Abbau undurchlässiger Nationalstaatsgrenzen hin zu permeablen, flexiblen Grenzen entstanden sind. Anssi Paasi analysiert diese Vorgänge anhand der kritischen Auseinandersetzungen mit dem Konzept ‚borderless world'. Diese theoretische Überlegung war nach 1989 populär. Laut Paasi stellt sie einen Versuch dar, die neuen Wirklichkeiten und Möglichkeiten zu erklären, die durch das Ende des Kalten Krieges entstanden sind (vgl. Paasi 2018). Dabei fokussiert sich das Konzept auf Globalisierungsvorgänge und markttechnische Lockerungen, die von politischen Entscheidungsträger:innen gebremst werden (vgl. ebd. 2018). Paasi hält die heutigen Grenzvorgänge in ihrer Bedeutung und Funktion hingegen für wandelbar, selbst wenn die geopolitischen und rechtsverbindlichen (Staats-)Linien unveränderlich sind (vgl. ebd. 2018). Paasi schlussfolgert, dass Grenzen nicht – wie im Konzept ‚borderless world' angenommen – ihre Bedeutung und Funktion verlieren und daher abgebaut werden. Vielmehr sieht er das Erstarken von Grenzen, diskriminierenden Grenzkontrollen und -mechanismen sowie das Verwenden von neuen technischen Maßnahmen, die unerwünschte Grenzüberschreitungen aufzeichnen und verhindern sollen (vgl. ebd. 2018). Paasi beschreibt die zukünftigen Herausforderungen der ‚border studies' wie folgt.

> Thus, borders are becoming increasingly multifaceted and this complexity will not only provide scholars with an array of research themes but will also raise ethical and moral challenges related to the politically contradictory processes thatultimately reflect the global uneven development. (ebd. 2018: 33f.)

‚Grenzen' definiert Paasi (1998: 73) als "institutions, but they exist simultaneously on various spatial scales in a myriad of practices and discourses included in culture, politics,economics, administration or education."

Ein weiterer Ansatz, bei dem ‚Grenze' von einer anderen Seite betrachtet wird, ist das Konzept der ‚Phantomgrenzen' von Béatrice von Hirschhausen. Es handelt sich um eine heuristische Betrachtung, die von Hirschhausen an historischen Beispielen erläutert. Sie definiert Phantomgrenzen als „Spuren vergangener territorialer Ordnungen, welche in aktuellen Räumen feststellbar sind" (Hirschhausen 2020: 179). Ein weiteres Merkmal von Phantomgrenzen ist, dass das Überschreiten keine Grenzverletzung darstellt. Phantomgrenzen bauen vielmehr auf sozialen, gesellschaftlichen und historischen Kontexten auf und sind „auf die Handlungen und Wahrnehmungen der Akteure angewiesen" (ebd.: 180).

In den Grenzstudien bzw. ‚border studies' der letzten 20 Jahre werden Grenzen bezüglich unterschiedlicher Prozesse, Vorgänge und Dynamiken untersucht. Alle Betrachtungen eint die geteilte Sichtweise auf die Grenzregime in der EU: Die Bedeutung der Nationalstaaten nimmt ab, bei gleichzeitig steigender Relevanz und Verfestigung der EU-Außengrenze (vgl. Eigmüller 2020; vgl. Opiłowska, vgl. Kanesu 2020). Doch die Covid-19-Pandemie hat diese Gewissheit nachhaltig verändert und beeinflusst. Weber und Wille merken an: „Der Schengen-Raum hat es mit sich gebracht, dass nationalstaatliche Grenzen für Europäer:innen ohne Kontrollen überquert werden können – mancherorts erinnern nur noch Relikte wie verwaiste Grenzhäuschen an die Zeit systematischer Grenzkontrollen." (Weber/Wille 2020: 204)

Dieses Zitat lässt sich mit dem Konzept der Phantomgrenzen von Béatrice von Hirschhausen in Beziehung setzen. Bei von Hirschhausen bleiben Phantomgrenzen ein historisches Relikt, sie haben keine realen Auswirkungen. Doch lässt sich daraus ableiten, dass entstehende und bereits existierende Phantomgrenzen wieder in funktionsfähige Grenzen umgewandelt werden können. Das wissenschaftliche Konzept der Grenzen ist gekennzeichnet davon, dass diese nicht nur in ihrer nationalstaatlich-territorialen Trennungsfunktion betrachtet werden, sondern auch in ihrer gesellschaftlichen Wechselwirkung. Dieses Verständnis ist umso relevanter, weil durch die Covid-19- Pandemie die Bedeutung der Grenzen als gesellschaftliche Wechselwirkung innerhalb des Schengen-Raums aufgezeigt wurde. Diese Wechselwirkung wird in den nachfolgenden Unterabschnitten genauer betrachtet. Hierfür werden Konzepte und Theorien definiert sowie erläutert. Sie dienen als Erklärungsmuster für den Effekt der nationalen Grenzschließung aufgrund der pandemischen Lage.

3.1.1 Definitionsübersicht

Eine zentrale Voraussetzung, um mit dem Begriff ‚Grenze' zu arbeiten, ist dessen Definition. In der Grenzforschung werden mehrere Bezeichnungen verwendet. Zudem unterscheiden sich manche Grenzbegriffe in ihrem sprachlichen und kulturellen Kontext, was eine direkte Übernahme erschwert, da sich die Definition nicht gänzlich übertragen lässt. So finden sich Nuancen, andere Schwerpunkte und starke Abweichungen in den einzelnen Begriffen, zum Beispiel beim Begriff ‚frontier'. Ein erster relevanter Aspekt ist es, ‚Grenze' wie erwähnt nicht gänzlich als einen fixen, linienförmigen Gegenstand zu verstehen, der an der territorialen Peripherie zu verorten ist, sondern auch „auf die (räumlich flottierenden) Prozesse der (De-)Stabilisierung von Grenzen durch Diskurse und Praktiken […] einzugehen" (Weber et al. 2020 :8). Eigmüller und Vobruba (2016: 3f.) sprechen dahingehend von einer Grenzsoziologie, nach der „Grenze als Institution, welche Einfluss auf Menschen und deren Handlungschancen hat", betrachtet wird. Für die konzeptionelle Arbeit mit diesem Verständnis von ‚Grenze' bieten sich der ‚bordering'-Ansatz sowie die Konzepte ‚borderlands' und ‚social boundaries' an. Hieraus lässt sich ableiten, welche Auswirkungen die Grenzschließungen 2020 innerhalb des Schengen-Raums hatten. Das Ausmaß der wiedereingeführten Grenzkontrollen aufgrund von Covid-19 konnte anhand der Grenzsoziologie nicht vorhergesagt werden. Dies lässt sich an zwei ähnlichen Definitionen von Grenzen bzw. Grenzräumen erkennen, die zu unterschiedlichen Zeitpunkten verfasst wurden. Brunet-Jailly stellte 2011 folgende Grenzdefinition auf:

> Borders are not just hard territorial lines – they are institutions that result from bordering policies – they are thus about people; and for most settled territories they are predominantly about inclusion and exclusion, as they are woven into varied cultural, economic and political fabrics. (Brunet-Jailly 2011: 3)

Diese Definition von 2011 spiegelt den damaligen Zeitgeist der Grenzsoziologie wider. Grenzen umfassen mehrere Ebenen – staatlich, gesellschaftlich, individuell – und damit auch eine sich sozial auswirkende Komponente. Brunet-Jailly nennt hier das Beispiel der Eingrenzung bzw. Ausgrenzung. Von Ausgrenzung betroffen waren aus Sicht von Theoretiker:innen mehrheitlich Gruppen, die eine ‚Gefahr' darstellten, wie Geflüchtete, Menschen aus dem Globalen Süden oder Terroristen (vgl. Opiłowska 2020, vgl. Eigmüller 2020). Doch diese Annahme wurde durch die Pandemie widerlegt. Kanesu beschreibt diesen Vorgang und Lernprozess folgendermaßen.

> In a paradoxical manner, this 'global player' *[Anm. Covid-19]* made us see the bordered spaces – before only existent for the poor and less privileged – which
>
> are now re-emerging for the mobile hosts of the virus who, embedded in a global network, carried the invisible stowaway across many borders, coming from their business trips or their ski holidays. (Kanesu 2020: 81)

Kanesu aktualisiert die Definition von Brunet-Jailly in der Weise, dass neben Armen und weniger Privilegierten nun auch die ‚global vernetzten und privilegierteren Schichten' sich mit Grenzen und deren Konsequenzen auseinandersetzen müssen. Sie zeigt damit auf, dass Grenzen weiterhin reaktiviert und für alle Menschen gleichermaßen zu einer Realität werden können. Sowohl Brunet-Jailly als auch Kanesu beziehen in ihre Überlegungen ‚bordering'-Prozesse ein. In der vorliegenden Studie geht es vorrangig um die theoretischen Überlegungen, in die Covid-19 als global handelnder und situationsverändernder Akteur aufgenommen wurde, und anhand derer werden die ‚bordering'-Prozesse nachvollzogen. Unter ‚bordering' bzw. ‚bordering-Prozessen' wird verstanden, dass neben Staaten auch Bürger:innen und soziale Gruppen als Akteure am Grenzaufbau und -abbau mitwirken (vgl. Rumford 2008; Paasi 2020). ‚Bordering' bildet nach diesem Verständnis ein Zusammenspiel zwischen ‚ordering' und ‚othering' (vgl. Houtum/Naerssen 2002; Paasi 2020). Mit ‚othering' werden Vorgänge beschrieben, durch die es zu einer dualen ‚Wir vs. die anderen'-Kategorisierung kommt (vgl. Paasi 2020). ‚Othering' begünstigt das Erstarken von Grenzen, da es als dynamisch-komplexes Phänomen von gesellschaftlichen, soziokulturellen und politischen Entwicklungen beeinflusst wird und dabei neue soziale Gruppen für die Kategorien ‚Wir' vs. ‚Die anderen' gefunden werden (vgl. ebd. 2020). Die Grenzprozesse, die durch Covid-19 ausgelöst wurden, sind mit ‚othering' verknüpft. Grenzschließungen wurden mit einem gesundheitlichen Sicherheitsaspekt begründet, zum Beispiel benannte das RKI ‚Risikogebiete'. Hierdurch entstand „diese Differenzierung zwischen einem sicheren und geordneten ‚Hier' und ‚Wir' auf der deutschen Seite der Grenze und einem unsicheren, ungeordneten und somit für ‚uns' gefährlichen ‚Anderen' auf der französischen Seite." (Crossey 2020: 70)

Die hier beschriebene Unterscheidung lässt sich auf alle weiteren Grenzräume übertragen. ‚Othering' ist somit im Grenzschließungskontext von entscheidender Bedeutung und hat den ‚rebordering'-Effekt verstärkt. Unter ‚rebordering' wird das Reaktivieren von Grenzen und deren Funktion verstanden, d. h. das Gegenteil von Grenzabbau bzw. -öffnung. Protektionismus kann als ein Beispiel für ‚rebordering' bezeichnet werden. Aus dem Betrachtungsfeld einer pandemischen Lage lässt sich ‚rebordering' „als Renationalisierungsprozess fassen, der für gesundheitliche Sicherheit sorgen soll" (Weber/Wille 2020: 204). Die Legitimation nationaler Grenzschließungen fußt somit auf einem Sicherheitsverständnis, nach dem die Gesundheit der eigenen Bevölkerung in Gefahr gesehen wird, aber auch die Einwohner:innen selbst als Bedrohung wahrgenommen werden. Der ‚rebordering'-Prozess trifft vor allem die Menschen in ihrem Alltag. Kanesu beschreibt dies folgendermaßen: "The (re)bordering processes in the Schengen spaces that are otherwise characterized by daily bordercrossing and cross-border relations, change where we go, who we can see, what we buy and how we love." (Kanesu 2020: 81)

Covid-19 als Auslöser für ‚rebordering'-Prozesse betrifft bei den Grenzschließungen im Schengen-Raum alle Menschen gleichzeitig, doch bleiben Ungleichbehandlungen bestehen oder nehmen weiter zu, wie Kanesu ausführt: „being confined to the tent town (hier: Moria camp), possibilities to distance socially or actually physically are non- existent" (ebd. 2020:

82). Daraus lässt sich ableiten, dass Grenzen eine soziale Dimension und Funktion haben. Wille zeigt dies am Konzept der ‚social boundaries'. Das Konzept erweist sich als Schnittstelle der ‚bordering'-, rebordering'- und ‚ordering'-Prozesse. Die Pandemie ist nicht nur an den nationalstaatlichen Grenzen sichtbar, sondern auch an den sozialen Grenzeinteilungen, die unter den Aspekten des Gesundheitsschutzes und der Sicherheit getroffen wurden. Wille bezeichnet die Einteilung der Menschen in Risikogruppen als eine ‚Einteilung von Privilegierung und Nichtprivilegierung' bzw. ‚wer ist es wert, geschützt zu werden, und wer nicht' (vgl. Wille 2020). Er sagt damit:

„Such classifications, which (can) represent borders between life and death, raise ethical questions" (ebd. 2020: 11).

‚Social boundaries' begünstigen somit Kategorisierung und ‚othering'-Prozesse, die es ermöglichen, ‚den anderen' als Gefahr oder als Verusacher der pandemischen Notlage anzusehen (vgl. ebd. 2020).

Die Definitionen der ‚bordering'-, rebordering'-, ‚ordering'- und ‚othering'-Prozesse sind entscheidend, da das Virus systemisch agiert sowie Prozesse ausgelöst und vermischt hat, wodurch die vorherrschenden (Un-)Gleichheiten erst für alle offensichtlich gemacht wurden. Vom ‚rebordering' der Schengen-Grenzen, die vorrangig für eine weiße europäische Mehrheit lange Zeit ‚soft borders' darstellten, war diese Mehrheit genauso betroffen wie Geflüchtete, die an den EU-Außengrenzen ihrer Würde beraubt werden. Doch ist für die einen das ‚rebordering' temporär und für die anderen ein anhaltender Zustand, der sich zunehmend verstärkt. Radil fasst diesen Sachverhalt zusammen:

> Most prominently, the national border has been reclaimed and revived as a dispositif to protect the state from a virus that is increasingly portrayed as a foreign invader, a tactic that has been embraced by both authoritarian states and liberal democracies. (Radil et al. 2021: 134)

Der ‚rebordering'-Prozess führt dazu, dass sich eine Renationalisierung verbreitet, dass Schutz und Sicherheit mit einer undurchlässigen Grenze verknüpft werden. Radil greift diese Tendenzen auf, die sich durch die Pandemie zeigen und sich auch in liberalen Demokratien wiederfinden, wie er erwähnt. Für die Situation innerhalb des Schengen- Raums handelt es sich um ein Paradox, da durch Globalisierung und Europäisierung teilweise ein gegenteiliger Effekt die letzten Jahre dominiert hat. Weber beschreibt das Paradox folgendermaßen: „Wir sind es im Schengen-Raum gewohnt, nationalstaatliche Grenzen problemlos zu überqueren – an diese Grenzen erinnern mancherorts höchstens noch Relikte wie verwaiste Grenzhäuschen." (Weber 2020:35)

Die verwaisten Grenzhäuschen dienen als Beispiel für das Wirken der EU-Binnengrenzen als Phantomgrenzen. Durch die Reaktivierung der Funktion von Grenzanlagen, geschlossene Grenzen zu markieren, wird das ambivalente bzw. paradoxe Verhalten besonders deutlich. Im nächsten Unterabschnitt wird auf den Umstand der ‚borderlands' eingegangen. Diese spielen für den Schengen-Raum eine entscheidende Rolle und waren von der Pandemie sowie den Grenzschließungen stark betroffen. Hier lassen sich die Wechselwirkungen von ‚Zusammenarbeit' vs. ‚Ressentiments', ‚Wir' vs ‚Die anderen' und ‚Innen' vs ‚Außen' erkennen.

3.1.2 Schengen als Grenzraum

Das Schengener Abkommen hat bewirkt, dass auf dem Gebiet der Mitgliedsstaaten ein gemeinsamer Raum entstanden ist, in dem Grenzen eine untergeordnete Rolle spielen. Das Konzept der ‚borderlands' eignet sich als theoretisches Erklärungsmuster. Diese bilden „grenzüberschreitende Räume, in denen Realitäten des Grenzraumes alltäglich diskursiv wie praktisch (re)produziert und verhandelt werden" (Crossey 2020: 69). Morehouse beschreibt sie wie folgt: „spaces where the everyday realities of boundaries are played out" (2016: 19). ‚Borderlands' sind damit Räume, in denen Wechselwirkungen von Verflechtungen und Interdependenzen stattfinden und sich manifestieren. Somit sind ‚borderlands' selbst dialogisch, da sie Raum konstruieren und gleichzeitig von Menschen und ihren Handlungen erst ermöglicht werden. Der Schengen-Raum ist dafür ein einmaliges Beispiel, wie Peter Ulrich anmerkt: „Die Bewohner*innen von Grenzregionen erleben auf täglicher Basis Internationalität und Europäisierung, Kontakt und Austausch mit den Nachbar*innen und können als Orte der Begegnung, der Diffusion und des Zusammenkommens verstanden werden." (Ulrich 2020: 168)

Grenzräume zeichnen sich vor allem durch ihre Ambivalenzen aus, die sich durch das gleichzeitige Existieren von grenzüberschreitender Zusammenarbeit und Ressentiments und Ablehnung ergeben (vgl. ebd. 2020). Der Grenzraum ist durch die Gleichzeitigkeit der peripheren Lage in Bezug auf den Rest des dazugehörigen Nationalstaats und der Angrenzung zur außerhalb des Nationalstaats gelegenen Nachbarregion in einer besonderen Situation. Im Fall des Schengen-Raums werden somit „nationale Grenzen dynamischen Ordnungsprozessen unterworfen" (ebd.: 169). Es kommt zu einem Wechselspiel, in dem Faktoren wie Raum, Sozialität und Institutionen die nationale Grenze beeinflussen und verändern (vgl. ebd. 2020). Die EU-Grenzräume sind in ihrer Art Phantomgrenzen, da sie zwar faktisch keine sichtbare Grenze mehr darstellen, doch laut Ulrich sich auf andere Weise weiterhin auswirken und sich durch soziale, kulturelle oder politische Grenzziehungspraktiken offenbaren (vgl. ebd. 2020). Sie sind wirkmächtig, da von ihnen das Konstrukt eines ‚Innen' (Ordnung) und eines ‚Außen' (Chaos) ausgeht (vgl. Marung 2013; vgl. Herrmann/Vasilache 2020). Doch sind nicht in jedem Fall Innen und Außen inhärent und es hängt von den Grenzziehungspraktiken ab, ob sich ein ‚gemeinsamer innerer' EU-Grenzraum bildet, der sich von einem Außen abtrennt, oder ob innerhalb des EU-Grenzraums nationalstaatliche Konstrukte des Innen weiterhin existieren. Das ambivalente Verhalten der Verschiedenartigkeit des Grenzabbaus basiert auf der Ungewissheit über potentielle Gefahren, die hinter Grenzen verborgen sein können (vgl. Herrmann/Vasilache 2020). Hieraus leiten sich die heutigen weltweit vorkommenden Grenzprozesse ab, die sich durch die Vermischung innerer und äußerer Sicherheit sowie einem zunehmenden Waren- und Personenverkehr ergeben (vgl. ebd. 2020). Im nächsten Unterabschnitt werden die Grenzprozesse exemplarisch für die EU aufgezeigt, wobei der Fokus auf der Covid-19-Situation liegt.

3.1.3 EU-Grenzprozesse

Einer der wirkmächtigsten EU-Grenzprozesse der letzten Jahre liegt in der politischen Aufwertung der EU-Außengrenze und der gleichzeitig abnehmenden Bedeutung der Binnengrenzen (vgl. Eigmüller 2021). Auf der einen Seite lässt sich ein ‚bordering'- Effekt (Verstärkung der Außengrenzen) erkennen, auf der anderen Seite ein ‚debordering-Effekt' (Abbau der Binnengrenzen). Die Covid-19-Pandemie hatte die Wirkung, diese Effekte teils zu revidieren und teils zu verstärken sowie neue auszulösen. Daher können mithilfe der ‚bordering'-, ‚rebordering'-, ‚ordering'- und der ‚othering'- Prozesse sowie durch die Konzepte ‚social boundaries' und ‚borderlands' EU-Grenzprozesse festgestellt werden, die sich seit der Covid-19-Pandemie entwickelt haben. Der Grund hierfür ist, dass das Virus eine soziale und räumliche Diskontinuität darstellt, die die Betrachtungsweise von Grenzen verändert hat (vgl. Weber et al. 2020). Dadurch kommt es zu sozialräumlichen Entwicklungen, die zu neuartigen Grenzen bzw. Grenzziehungen führen (vgl. ebd. 2020). Zum Beispiel ist Folgendes zu erkennen: "Anti- immigration rebordering practices coupled with the national responses to the COVID-19 crisis seem to indicate that national borders will continue to enjoy robust health, even in the so-called borderless EU." (Radil et al. 2020: 134)

Ein Effekt von ‚rebordering' ist, dass (nationale) Grenzen weiterbestehen und vorerst nicht abgebaut werden. Ebenso waren wiedererstarkende Ressentiments gegenüber vermeintlichen Nachbarn nie gänzlich verschwunden. Das Zurückfallen in die Kategorisierung von ‚Wir vs.

die anderen' ist eine Folge der Grenzziehungen. Der Effekt der Kategorisierung ist an den EU-Außengrenzen deutlich zu erkennen, da hier ein zunehmend institutioneller Grenzausbau seitens der EU in Form der EU- Grenzschutzagentur Frontex betrieben wird (vgl. Eigmüller 2021). Den Grund sieht Radil im Versuch der EU, ein ‚postnationales Staatengebilde' zu sein, das sich als ein grenzenloses Europa versteht, sich aber gegen Migrationsströme innerhalb der Einheit wehrt (vgl. Radil et al. 2020).

Es ist andererseits auch zu beobachten, dass der ‚debordering'-Prozess der letzten Jahre zu Zusammenarbeit geführt hat, was sich in der Pandemie auszahlt. Diese Prozesse finden sich nicht nur auf staatlicher Ebene wieder, sondern wirken auf regionaler, institutioneller oder individueller Ebene. Ein Beispiel hierfür ist die Entwicklung von Impfstoffen, bei der mehrere europäische Akteur:innen kooperiert haben (vgl. ebd. 2020). Monika Eigmüller erläutert, wie sich die ‚re/bordering'-Effekte in der EU auswirken: „Im Gegensatz zum Nationalstaat werden Grenzen innerhalb der EU nun nicht mehr in erster Linie durch Staaten und deren Politik gebildet. Vielmehr finden Prozesse des *bordering* in der EU nun weit jenseits davon statt." (Eigmüller 2021: 262-263)

Diese Prozesse wurden durch die pandemische Lage befördert, da Protektionismus, Abgrenzung und Nationalismen ‚debordering'-Prozesse beeinträchtigen (vgl. ebd.). Eigmüller stellt daher die Frage, welche Zukunft grenzüberschreitendes solidarisches Verhalten hat (vgl. ebd.). Eine partielle Antwort kann gegeben werden, wenn ‚rebordering'-Prozesse als Teil „von Transnationalisierungsprozessen verstanden werden" (vgl. Jessop 2007; Buckel et al. 2017). Die EU-Grenzprozesse sind mannigfaltig, widersprüchlich und bestehen trotzdem nebeneinander. Die Covid-19-Pandemie hat aufgezeigt, dass nicht nur ein Effekt bestehen muss, sondern gerade auch ‚rebordering'- und ‚debordering'-Prozesse sich gegenseitig bedingen. Die Vielfältigkeit und die Interdependenzen der einzelnen Krisen (Covid, Krieg, Klimawandel, Energie) verdeutlichen die Ambivalenz und Widersprüchlichkeit von Grenzprozessen. Covid-19 hat unter anderem Renationalisierungsreflexe auf staatlicher Ebene ausgelöst, doch kam es auf kommunaler oder individueller Ebene zu grenzüberschreitender Solidarität, die sich durch die Patient:innenaufnahme überlasteter Krankenhäuser, die gemeinsamen Aktionen gegen ‚bordering'-Prozesse oder die Impfstoffentwicklung gezeigt hat.

In diesem Abschnitt über den Begriff der Grenze sollte ein Überblick über die zentralen Begriffe und Konzepte sowie ein Verständnis vermittelt werden, wie Covid-19 als globaler Akteur die ‚border studies' im Allgemeinen und die Grenzprozesse der EU im Speziellen beeinflusst hat. Zudem soll herausgearbeitet sein, dass die Widersprüchlichkeiten und

Ambivalenzen von ‚rebordering'- und ‚de/bordering'- Prozesse die gesellschaftlichen Wirklichkeiten abbilden und durch das Virus stärker im Bewusstsein der Öffentlichkeit verankert worden sind.

Hiervon ausgehend erfolgt nun der thematische Wechsel zur theoretischen Diskussion von Solidarität und deren Wirkungsweise in der EU.

3.2 Solidarität

‚Solidarität' beschreibt ein Wesensmerkmal, das sich historisch betrachtet in den menschlichen Zivilisationen und Gemeinschaftsbildungen unterschiedlich gezeigt hat und auf verschiedene Weise geprägt wurde, wobei jedoch der gleiche Kerngedanke Anwendung findet. Die Bundeszentrale für politische Bildung definiert diesen Kerngedanken folgendermaßen: „Solidarität bezeichnet ein Prinzip, das gegen die Vereinzelung und Vermassung gerichtet ist und die Zusammengehörigkeit, d. h. die gegenseitige (Mit-)Verantwortung und (Mit-)Verpflichtung, betont." (bpb 2021)

‚Solidarität' zu beschreiben und zu definieren, gestaltet sich kompliziert. Die Wortbedeutung ist so weit gefasst, dass sie sich auf unterschiedliche Situationen und Handlungen anwenden lässt. Daher bleibt auch die anfänglich zitierte Definition der Bundeszentrale für politische Bildung unkonkret. Es wird darin aber auf eine wesentliche Verbindung hingewiesen – die zur Zusammengehörigkeit. Hier kommt es wieder zu einem definitorischen Problem: Was wird unter ‚Zusammengehörigkeit' verstanden? Das Gros des wissenschaftlichen Diskurses setzt für Solidarität eine Gruppe voraus, die sich durch ein oder mehrere Merkmale verbunden fühlt. Jedoch ist es nicht umfassend genug, eine Gruppe als Voraussetzung von Zusammengehörigkeit und somit von solidarischem Verhalten zu definieren, es spiegelt die gesellschaftliche Realität nur bedingt wider. Hiermit wird die Komplexität des Begriffs deutlich. Im politischen Kontext betrachtet stellt ‚Solidarität' ein streitbares Konstrukt dar, denn wer zu einer Gruppe gehört und wer nicht, wie groß der Kreis der Gruppe ist und welche Merkmale die Gruppe auszeichnen, sind zu diskutierende Variablen. Hartmann benennt daher die Schwierigkeit, dass:

„besonders politische Begriffe und Wörter [...] Teil einer realen Sprachpraxis [sind], in der es um Macht und Einflussnahme, um Definitionshoheit und den Kampf um Deutungsmonopole geht." (Hartmann/Tamm 2013: 40)

Dass Solidarität mit hegemonialen Machtprozessen verwoben ist, ist eine relevante Erkenntnis, um eine kritische Betrachtung des Begriffs anwenden zu können. Die EU und die an ihr beteiligten Akteur:innen befinden sich in einem stetigen Prozess der Deutungshoheit von Diskursen, Begriffen und Definitionen. ‚Solidarität' als ein moralisches, ethisches Prinzip, das politisch instrumentalisiert wird, ist daher diesem Bereich zuzuordnen. Die EU hat in ihrem Vertrag in der Präambel festgehalten: „Europe can be built only through real practical achievements which will first of all create real solidarity" (Sangiovanni 2013: 213). In der deutschsprachigen Übersetzung der Präambel wird ‚Verbundenheit' anstelle von ‚Solidarität' verwendet, jedoch kann in diesem Fall ‚Verbundenheit' gleichbedeutend mit ‚Solidarität' verstanden werden. ‚Solidarität' steht in diesem Kontext für ein moralisches Prinzip, dessen Ziel es ist, lebensnahe Errungenschaften zu schaffen. Mit dem Begriff wird hauptsächlich eine moralische und ethische Instanz beschrieben, diese Auslegung umfasst jedoch nicht die gesamte Bedeutung des Begriffs. In den anschließenden Unterabschnitten wird ‚Solidarität' aus einer vielschichtigen Perspektive ergründet, wobei der transnationale Fokus des Konzeptes herausgearbeitet wird.

3.2.1 Definition(sraum) von Solidarität

Eine Definition von Solidarität erfordert einen kurzen Abriss der historischen Entwicklung des Begriffs. Das Konzept steht in einem Bezug zu den Arbeiter:innenbewegungen sowie dem Kampf um eine Verbesserung der Arbeits- und Lebensbedingungen, doch lässt sich Solidarität nicht komplett daraus ableiten. Der sozialistisch-marxistische Gedanke prägte Solidarität hinsichtlich des aktiven Zuspruchs für die Gruppe der Arbeiter:innenklasse (vgl. Bröse 2020). Sangiovanni stellt neben dem Sozialismus noch den Nationalismus und das Christentum als polittheoretische Grundpfeiler für Solidarität fest (vgl. Sangiovanni 2015). Weiterhin geht Sangiovanni von drei soziopsychologischen Ebenen aus, auf denen Solidarität basiert und die unterschieden werden können: „shared experience" (geteilte Erfahrung), „shared identity" (geteilte Identität) und „shared action" (geteilte Handlungen; ebd. 2015: 341). Laut Sangiovanni beziehen sich die drei Theorieschulen jeweils unterschiedlich in ihrer Vorstellung von Solidarität auf die soziopsychologischen Ebenen (vgl. ebd. 2015). Der Sozialismus gründet seine Definition von Solidarität auf der geteilten Erfahrung von Ausbeutung und der geteilten Handlung von gemeinsamer Produktion (vgl. ebd. 2015). Die christliche Strömung baut ihre Vorstellung von Solidarität auf der geteilten Erfahrung des menschlichen Leidens als Ergebnis der Erbsünde auf, Solidarität ist somit Teil der universalen Liebe (vgl. ebd. 2015). Im liberalen nationalistischen Sinn ist Solidarität:

> anchored in shared identification with an 'imagined community' where membership is defined not in terms of class, or social position, or family, or joint action or struggle, but in terms of an underlying identity, often based on ethnicity, language, and/or social 'origin', and often invented. (ebd. 2015: 342)

Aus diesen drei Strömungen lässt sich das heutige widersprüchliche Verständnis von Solidarität ableiten. Zusammengefasst wird Solidarität entweder über das gemeinsame Erleben hegemonialer Machtstrukturen oder das gemeinsame Erleben von Leid oder durch die geteilte Identität von Sprache oder Herkunft verstanden und erzeugt. Allen drei Varianten ist gemein, dass Solidarität mit einer Zusammengehörigkeit innerhalb einer Gruppe einhergehen würde. Jedoch ist solidarisches Denken und Handeln nicht nur an die Verbundenheit zu einer bestimmten Gruppe geknüpft (vgl. Bröse 2020). Die Bedingungen an Zeit und Personen beschränken Solidarität in einer Weise und dienen als Erklärungsmuster politischer Interessen. Tamm beschreibt: „Etwas, das als ‚solidarisch' bezeichnet wird, wird gleichzeitig moralisch aufgewertet und gegen Kritik aus anderen Gründen immunisiert" (Hartmann/Tamm 2013: 45). Mit dieser Argumentationsführung verkommt Solidarität zu einer politisierten Worthülse ohne jeglichen Inhalt (vgl. ebd. 2013). Dies liegt auch an der ungenauen Trennung sowie der daraus entstehenden Vermischung des Solidaritätsgedanken und der Konzepte der Gerechtigkeit und der Menschenrechte. Während mit ‚Gerechtigkeit' die Umsetzung von moralischen Prinzipien und mit ‚Menschenrechten' eine Gewährleistung von Rechten sowie die Möglichkeit der Einklagung gemeint ist, dienen diese Konzepte nicht als Erklärungsansatz für Solidarität (vgl. ebd. 2013). Tamm versucht sich an einer Definition, die Solidarität weder mit Gerechtigkeit noch mit Menschenrecht gleichsetzt, und spricht von der „freiwillige[n] (nicht zwangsläufig verpflichtende[n]) Bereitschaft, anderen, denen man sich verbunden fühlt und die in Not geraten sind, zu helfen (ohne dass sie ein Recht auf Hilfe hätten)." (ebd. 2013: 39)

Solidarität ist aus dieser Sicht ein freiwilliger Akt, der nicht erzwungen und auch nicht eingeklagt werden kann. Doch Hartmann stellt fest, dass in der Realität Solidarität oft so verstanden wird, und spricht hier von ‚bedingter Solidarität'. Er unterscheidet dabei zwischen zwei Modellen: auf der einen Seite ‚solidarische Hilfeleistungen als Pflicht' und auf der anderen Seite die Betonung der ‚Freiwilligkeit solidarischer Hilfeleistungen' (vgl. ebd. 2013). Beide Modelle, so Hartmann, setzen Bedingungen für solidarisches Handeln voraus und verharren, wenn auch auf unterschiedliche Weise, im nationalen Narrativ, das in Gruppen unterteilt und somit Raum für Ausgrenzungen schafft (vgl. ebd. 2013).

An dieser Stelle ist anzumerken, dass noch keine abschließende Definition von Solidarität erfolgt ist. Doch lässt sich eine wesentliche Erkenntnis ableiten. Das liberal-nationalistische Verständnis, Solidarität auf Basis der geteilten Identität zu begreifen, wird in der realpolitischen Praxis verstärkt angewendet. Hartmann erklärt dies folgendermaßen:

> So wie der Begriff der Solidarität momentan im europäischen Kontext Anwendung findet, hat er in verschiedenen Hinsichten eine überinkludierende Neigung und verzichtet etwa darauf, innerhalb von nationalen Populationen mehr oder weniger verantwortliche Akteure zu unterscheiden: ‚Interne Klassen- und Herrschaftsverhältnisse bleiben außer Acht.' (ebd. 2013: 43-44)

Mit ‚überinkludierender Neigung' meint Hartmann, dass Gruppenzugehörigkeiten simplifiziert werden, von Nationen in Allgemeinplätzen gesprochen wird und kein Raum für Ambivalenzen vorhanden ist (vgl. ebd. 2013). Es ist daher ein Definitionsverständnis notwendig, das sich nicht auf der Ebene der geteilten Identität erklären lässt. Hierfür bildet Tamms Aussage, dass Gegenseitigkeit einen wesentlichen Faktor für Solidarität darstellt, einen Ausgangspunkt. Tamm definiert ‚Solidarität' wie folgt: „Solidarität bedeutet wechselseitige Verbundenheit, Zusammengehörigkeit und Hilfe. Sie ist die Bereitschaft der Menschen, füreinander einzustehen und sich gegenseitig zu helfen. Sie gilt zwischen Starken und Schwachen, zwischen Generationen, zwischen den Völkern." (ebd. 2013: 45)

Tamm zeigt auf, dass Solidarität auch ‚dazwischen' stattfinden kann. Sie ist nicht nur an eine Gruppe oder Nation gebunden, sondern kann auf mehreren Ebenen Wirkung entfalten. Tamm knüpft solidarisches Handeln an die Individualität jedes Menschen, aus dem selbst in freier Entscheidung das Handeln hervorgehen muss (vgl. ebd. 2013). Bröse geht einen Schritt weiter in ihrem Verständnis von Solidarität: „Solidarität geht schon lange über die Solidarität unter vermeintlich Gleichen hinaus. Solidarität strukturiert Zugehörigkeiten, Exklusionen, politische Haltungen usw. Sie gibt einer losen Versammlung, die sich auf ein gemeinsames Ziel verständigt, Halt." (Bröse 2020: 57) Für Bröse ist Solidarität auch ein Strukturgeber, der sinnstiftend sein kann. Solidarität entwickelt sich somit nicht aus der Gruppe heraus, die sie erst ermöglicht. Vielmehr kann Solidarität der Ausgangspunkt für den Zusammenschluss von Individuen sein, die aber nicht dem starren Konstrukt der Gruppe unterworfen sind. Bröse geht von ihren Überlegungen von Beziehungen aus, die das ‚Dazwischen' ermöglichen und sich dadurch von den starren Konstrukten von Gruppen und Kollektiven lösen (vgl. ebd. 2020).

> Sie besteht aus einem Füreinander-da-Sein und Einander-Zuhören, aus gemeinsamen Erfahrungen – dem kollektiven Erinnern von Erfolgen und Scheitern – und dem ‚Sich-verwundbar-Zeigen'. Denn gerade aus diesen kollektiven Prozessen kann eine politische Haltung entstehen, die tiefgehend und damit auch langfristig angelegt ist. (Bröse 2020: 56)

Diese Herangehensweise wird einem Solidaritätsverständnis gerecht, das Widersprüche wie auch Ambivalenzen zulässt und die komplexen Verwicklungen heutiger Gesellschaften einbezieht. Erst hierdurch kann Solidarität aus einer transnationalen Perspektive betrachtet werden, die nicht dem Nationalen Vorrang einräumt. Ocak und Erhan gehen von Solidarität „as a compound and multidimensional issue" aus, das für den EU-Kontext funktional ist (2021: 23). Auf dieser Definitionsgrundlage wird in den nächsten Unterabschnitten die transnationale Perspektive herausgearbeitet, vor allem mit Bezug zur EU.

3.2.2 Transnationale Solidarität

Transnationale Solidarität kann im EU-Kontext nicht ohne die Frage nach europäischer Identität betrachtet werden. Der Zusammenhang von Solidarität und Identität ist in diesem Fall immanent. Ocak und Erhan stellen fest: „European identity was always designated by divisions and tensions between different regions, confessions and especially between nations" (2021: 23). Hieraus konnte sich erst eine politische Integration entwickeln, die in Gestalt der EU europäische Solidarität konstituiert (vgl. ebd. 2021). Daher ist Solidarität ein fundamentaler, wenn auch fragiler, Wert der EU, auf den dieses Staatengebilde gegründet wurde (vgl. ebd. 2021).

Wie im vorherigen Unterabschnitt erwähnt, wird Solidarität oft auf einem nationalstaatlichen Verständnis aufgebaut, woraus Habermas sowie Ocak und Erhan ableiten, dass sich eine Art von transnationaler Solidarität auf EU-Ebene genauso entwickeln kann (vgl. ebd. 2021). Sangiovanni arbeitet drei Stufen der Solidarität im EU-Kontext heraus und unterscheidet zwischen nationaler Solidarität (Verpflichtung zwischen Bürger:innen von Mitgliedsstaaten), Solidarität der Mitgliedsstaaten (Aufgabenbereich zwischen Mitgliedsstaaten) und transnationaler Solidarität (Verpflichtungen zwischen EU-Bürger:innen; vgl. Sangiovanni 2013). Diese Einteilung lässt sich auch als vertikale bzw. horizontale Solidarität beschreiben. Sangiovanni koppelt transnationale Solidarität vorrangig an die Handlungen von Individuen und nicht an Handlungen von Staaten oder staatlichen Institutionen. Ocak und Erhan beschreiben Sangiovannis Definition von Solidarität folgendermaßen: "According to Sangiovanni, solidarity is thus understood, as the demand for a fair distribution of the benefits and risks resulting from the degree of integration." (Ocak und Erhan 2021: 24)

Hieraus erschließt sich die Wirkungsweise transnationaler Solidarität, die von einer fairen Verteilung von Vorzügen ausgeht. Reder und Heindl definieren ein weiteres Wesensmerkmal transnationaler Solidarität. In ihren Überlegungen weisen sie auf die Krisen der heutigen Zeit hin, die sich durch ihre globalen Dimensionen auszeichnen (Klimaerwärmung, Rassismus,

Wirtschaftskrisen, Krieg usw.). Durch ihre globalen Dimensionen erzeugen sie auch eine Gegenreaktion, die sich in Form von transnationaler Solidarität (Klimaproteste von Fridays for Future, MeToo-Bewegung, weltweite Proteste gegen den Mord an George Floyd usw.) aufzeigen lässt (vgl. Reder/Heindl 2020). Im folgenden Satz beschreiben Reder und Heindl das Wesensmerkmal transnationaler Solidarität:

> Allerdings ist es ein zentrales Merkmal global vernetzter Gesellschaften, dass solidarische Praktiken nicht mehr notwendig daran gebunden sind. Menschen fühlen sich heute solidarisch jenseits traditioneller Grenzziehungen von Staaten oder Kulturen, dies zeigen die vielfältigen Erfahrungswelten der weltweit vernetzten Gesellschaft. (ebd. 2020: 352)

Menschen nehmen Ungerechtigkeiten viel stärker in einem globalen Verständnis wahr und solidarisieren sich zu unterschiedlichen Themen mit anderen Menschen und Betroffenen weltweit. Die Thematik und die Dringlichkeit der Situation rücken damit stärker in den Fokus als die physisch-lokale Verbundenheit zu einer bestimmten Gruppe. Ocak und Erhan untermauern diese Verschiebung, indem sie von mehreren Solidaritäten sprechen: „The definition of 'solidarity' thus includes examples of health solidarity, economic solidarity and finally political leaders' discursive solidarity." (Ocak/Erhan 2021: 26)

Eine Variation an Solidaritäten hat zwangsläufig auch den Effekt, Ambivalenzen und Widersprüche zu erzeugen. Wiederum ist es die Stärke transnationaler Solidarität, dies einzukalkulieren und darin kein Manko zu sehen. Reder und Heindl beschreiben dies an ihrem Beispiel der politischen Solidarität. Politische Solidarität mit transnationaler Perspektive unterliegt einem normativen Zwiespalt, in der konkreten Problemsituation Hilfe zu leisten und zugleich die Problematik zu verallgemeinern und zu absolutisieren (vgl. Reder/Heindl 2020). Dies führt zur unausweichlichen Situation, dass Solidarität Ein- und Ausgrenzungsmechanismen anwenden muss, da sie sich in einem stetigen Prozess der Differenzierung zu anderen befindet (vgl. ebd. 2020). Reder und Heindl führen aus:

„Deswegen meint die Rede von globaler Solidarität auch nicht das Füreinander aller Menschen, sondern eine Vielfalt unterschiedlich ausgerichteter und teils konfliktärer Formen politischer Solidarität." (ebd. 2020: 354)

Solidarität darf widersprüchlich sein, sie kann nicht alle zugleich inkludieren. Was transnationale Solidarität kann, ist, sich ihrer eigenen Begrenzung bewusst zu sein. Was transnationale Solidarität leisten muss, ist, Kritik zu formulieren, wenn globale Entwicklungen „den Ausschluss gefährdeten Lebens oder diskriminierende Praktiken fördern" (ebd. 2020: 354). Transnationale Solidarität im EU-Kontext wird getragen von den individuellen Bemühungen und Handlungen der EU-Bürger:innen und kann sich bisher nicht auf institutionalisierte

Praktiken verlassen, denn – wie Ross feststellt – „transnational solidarity needs a corresponding political territory which, as yet, is very underdeveloped" (Ross 2020: 229). Ein Beispiel hierfür zeigt sich in der Covid-19-Krise. Wie unter anderem Ocak und Erhan aufzeigen, wurde durch die Pandemie bewiesen, dass die europäischen Staaten in der Krisenvorsorge besonders im Gesundheitsbereich versagt haben und der erste Reflex unilaterales bis unsolidarisches Handeln war (vgl. Ocak/Erhan 2021). Transnationale Solidarität im EU-Kontext lässt sich schlussendlich vorranging auf der individuellen Ebene erkennen und wird – bewusst oder unbewusst – dort am meisten forciert.

3.2.3 Rechtlicher Wirkungsbereich in der EU

Ein wesentlicher Aspekt ist die Betrachtung der legal-rechtlichen Verankerung von Solidarität in den EU-Verträgen. Hieraus leitet sich ab, welcher rechtliche Stellenwert der Solidarität eingeräumt wird. Die EU begreift sich als Werteunion. Daher ist es von hoher Bedeutung, wie diese Gemeinschaft Solidarität als moralischen Wert in einen rechtsverbindlichen Text transformiert und definiert. Ein rechtsverbindlicher legaler Text und darin enthaltene Definitionen stellen Anhaltspunkte dar, welche Werte die Vertragsparteien für bedeutsam erachten und woran sie sich messen lassen wollen.

In Artikel 2 EU-Vertrag (EUV) wird die wesentliche Idee der europäischen Wertgemeinschaft geregelt. In Satz 2 wird beschrieben, dass die Mitgliedsstaaten unter anderem Werte wie Pluralismus, Toleranz und Solidarität teilen sowie fördern (vgl. Voßkuhle 2021). Voßkuhle nennt Artikel 2 „das zentrale Identitätsmerkmal […] [und] den maßgeblichen Wertekanon der Union" (ebd. 2021: 120). Ocak und Erhan erklären die Wirkungskraft, die die rechtliche Festschreibung von Solidarität entfaltet:

> The fact that Chapter IV of The Charter of Fundamental Rights,15 approved in Nice in 2001, is titled 'Solidarity', and that has later established individual and collective rights in the labour market, and rights to different forms of social protection, indicates that solidarity has legal substance at EU level. (Ocak/Erhan 2021: 25)

Mit der rechtlichen Verankerung verschiebt sich der Wert von Solidarität von einem ideellen Anspruch zu einer real-verbindlichen Entscheidungsinstanz. Solidarität verfügt über eine legale Wirkungsweise, sie ist gesetzlich vorgeschrieben.
Dies wird zusätzlich daran deutlich, dass die aufgezählten Werte in Artikel 2 EUV nach Artikel 7 EUV sanktionsbewehrt und darüber hinaus gemäß Artikel 49 EUV entscheidende

Aufnahmebedingungen für eine Mitgliedschaft in der EU sind (vgl. Voßkuhle 2021). Artikel 3 Absatz 3 EUV fokussiert sich dabei stärker auf Solidarität zwischen den Mitgliedsstaaten. In der rechtlichen Verankerung der EU-Verträge wird hier auch zwischen Solidarität zu und zwischen EU-Bürger:innen und Solidarität zwischen den Mitgliedsstaaten unterschieden (vgl. Joppe 2021). Eine andere Meinung bezüglich der herausgestellten Bedeutung von Solidarität bezieht Joppe. Sie argumentiert, dass die EU-Gesetze nicht ausreichend Wert und Prinzip voneinander trennen (vgl. ebd. 2021). Solidarität kann nicht allein auf Basis von Artikel 2 als Grundsatz im legalen Verständnis wirken, nach Joppe wird ein anknüpfender weiterer Artikel benötigt, um Solidarität als durchsetzbaren Grundsatz zu verankern (vgl. ebd. 2021). Joppe führt weiteraus, dass hierdurch Solidarität in spezifischen Politikbereichen der EU Solidarität entweder als fundamentaler Wert oder als legal-durchsetzbare Richtline wirkt (vgl. ebd. 2021). Diese rechtliche Deutung bestätigt Voßkuhle, denn er sieht die in Artikel 2 aufgezählten Werte als essentiell für die Interpretation und Anwendung des Sekundärrechts an, was mit Joppes Deutung übereinstimmt, dass es zusätzlicher Artikel bedarf, um aus dem Wert der Solidarität aus Artikel 2 ein rechtliches Instrument zu generieren (vgl. Voßkuhle 2021; Joppe 2021). Joppe fasst die rechtliche Schwierigkeit bezüglich der Solidarität in den EU-Verträgen folgendermaßen zusammen:

> Because of the way in which is solidarity is referred to during the current crisis, namely just mentioning its importance without explanation or elaboration, the principle does not get a clearer meaning. It still seems a rather important political,

> societal value with no real legal meaning as long as no other Treaty provisions can be applied or the duty of sincere cooperation is not invoked. (Joppe 2021: 141)

Es ergibt sich der Einblick, dass zwar in den Verträgen bestimmte Werte als Grundwerteund -prinzipien der EU definiert, aber im Einzelnen nicht ausreichend inhaltlich gestützt und Ungenauigkeiten bewusst zugelassen werden, damit alle Vertragsparteien dem Text zustimmen können, da die Werte mehrdeutig interpretiert werden können. Das zeigt sicham Beispiel der Solidarität deutlich. In den EU-Verträgen wird grundsätzlich der Wert der Solidarität als wesentlich anerkannt und es wird auf die unterschiedlichen Wirkungsebenen von Solidarität (zwischen Mitgliedsstaaten, zwischen EU- Bürger:innen) verwiesen, doch kann letztlich Solidarität nicht als selbstständiger legaler Wert aus den EU-Verträgen gelesen werden. Stattdessen ist die konsekutive Anwendung weiterer Gesetze nötig, die Solidarität in anwendungsbezogenen Fällen regeln.

Die theoretischen Ausführungen zu ‚Grenze' und ‚Solidarität' sind zum einen definitorisch erörtert und zum anderen ihrer Bedeutung für die Forschungsthematik der Covid-19-Pandemie eingebettet wurden. Beide Konzepte sind geprägt wurden durch Entwicklungen und Dynamiken, die die pandemische Notlage ausgelöst hat. Für die vorangestellte Studie lässt sich somit aus den theoretischen Erkenntnissen eine ‚wissenschaftliche Diskursverschiebung' in Bezug auf ‚Grenze' und ‚Solidarität' erkennen. Das nächste Kapitel wird die Bedeutung von Diskursverschiebung näherbetrachten und beleuchten.

4. Methodische Heranführung: Kritische Diskursanalyse

Für eine mediale Betrachtung und Analyse der Thematik der Solidarität in Krisenzeiten anhand der Grenzschließungen eignet sich die KDA, auch – unter anderem von Wodak (2019) oder Reisigl und Vogel (2020) – ‚Kritische Diskursforschung' (KDF) genannt. Siezeichnet sich durch eine interdisziplinäre Herangehensweise aus. In der vorliegenden Arbeit geht es um grenzpolitische und solidarische Gesellschaftskonzepte, die auch durch Macht- und Herrschaftsverhältnisse geprägt sind. Hierfür ist die KDA aufgrund der eklektischen Vorgehensweise prädestiniert, in der Theorie und Methodik aufeinander aufbauen (vgl. Wodak 2011b). Die KDA als interdisziplinäre Methodik kann dabei helfen, die Besonderheiten der Grenzdiskurse zu ergründen. Letztere sind eine spezifischeForm von Gesellschaftsdiskursen und bilden somit eine passende Analyseeinheit für dieKDA, wie Newman und Paasi erläutern:

> The study of narratives and discourse is central to an understanding of all types of boundaries, particularly state boundaries. These narratives range from foreignpolicy discourses, geographical texts and literature (including maps), to the manydimensions of formal and informal socialization which affect the creation of sociospatial identities, especially the notions of ‚us' and the ‚Other', exclusive and inclusive spaces and territories. (Newman/Paasi 1998: 201).

Anhand dieser Erläuterung wird die Verwobenheit ersichtlich, die Diskurse transportieren. Ein Diskurs umfasst demzufolge ideologisch konträre Positionen, die zum Thema vorherrschen. Der Unterschied zwischen ‚Diskurs' und ‚Text' besteht darin, dass Diskurse Beziehungsgeflechte von Wissen und Struktur erfassen, während Texte spezifische Einzelelemente eines Diskurses sind (vgl. Wodak 2011a).

Die Diskursanalyse trägt dazu bei, die Macht- und Herrschaftsbeziehungen in denGrenzthematiken herauszuarbeiten. Hierdurch wird versucht, eine ganzheitliche Perspektive zu entwickeln, um einen Diskurs vollständig ergründen zu können. Die dafürnotwendige theoretische Basis der KDA beruht auf den Überlegungen des Philosophen Michel Foucault und zu einem Teil auch auf den Ideen von Jürgen Habermas. Für Foucault ist der Diskursbegriff eng verknüpft mit dem Geflecht aus Macht und Wissen. Laut Foucault konstituieren sich Macht und Wissen gleichermaßen und setzen sich gegenseitig voraus, sodass sie ohneeinander nicht wirken und existieren können (vgl. Foucault 2008). Machtstrukturen formen somit Wissen. Diskurs als Ausdruck von Wissen ist dadurch selbst Teil jener Machtstrukturen. In seinen weiteren Überlegungen stellt Foucault die Frage nach der Beziehung von Macht und Diskurs:

> Es ist das Problem, das fast alle meine Bücher bestimmt: Wie ist in den abendländischen Gesellschaften die Produktion von Diskursen, die (zumindest für eine bestimmte Zeit) mit einem Wahrheitswert geladen sind, an die unterschiedlichen Machtmechanismen und -institutionen gebunden? (Foucault 1983: 8)

Daraus lässt sich ableiten, dass Diskurse und Macht in einer komplexen Verflechtung zueinander stehen und sich gegenseitig bedingen. Habermas beschäftigt sich im Unterschied zu Foucault mit der Frage nach der Sprachfähigkeit des Menschen und dem Diskurs (vgl. Wodak 2019). ‚Sprachfähigkeit' definiert Habermas über den Aushandlungsprozess, was in einer Gemeinschaft als anerkannte Wahrheit gilt (vgl. ebd. 2019). Susen fasst Habermas' Ansatz folgendermaßen zusammen:

> In essence, Habermas's discourse ethics is a systematic attempt to locate the normative grounds of deliberative democracy in the rational foundations of language. From a Habermasian point of view, every time we engage in the coexistential exercise of seeking mutual understanding (Verständigung) we anticipate that we are capable of reaching mutual agreements (Einverständnisse). (Susen 2018: 43)

Aus den zwei (und weiteren) theoretischen Strömungen von Macht und Sprache konnte die KDA folgenden Zusammenhang herstellen: „Language indexes power and expresses power; language is involved where there is contention over and a challenge to power" (Wodak 2011b: 52). Wie Sprache Macht kennzeichnet und ausdrückt, ist ein zentraler Gegenstand der KDA. Hieraus ergeben sich mehrere Schwerpunkte, die sich in den unterschiedlichen Ansätzen zeigen. Forscher:innen wie Wodak verwenden daher auch den Begriff der KDF, um die Vielzahl der Ansätze innerhalb dieser methodischen Analyse hervorzuheben (vgl. Wodak 2019). Die Schnittmenge besteht im Anspruch, „das dialektische Verhältnis zwischen Diskurs und Gesellschaft theoretisch und empirisch zu erfassen […]" (Wodak/Meyer 2016a: 22). Die KDA wurde geprägt von unterschiedlichen Theoretiker:innen, die unter verschiedenen Schwerpunkten die Bandbreite der Methodik erweiterten, sodass diese präziser in der Analyse angewendet werden kann (vgl. Angermuller et al. 2014; Fairclough et al. 2011; Hart und Cap 2014; Keller et al. 20113; Wodak/Meyer 2016b). Norman Fairclough gehört zu den Vertreter:innen des dialektisch-relationalen Ansatzes, der sich auf einen dialektischen Materialismus bezieht und eine systemisch-funktionale Linguistik bevorzugt (vgl. Fairclough et al. 2011; Reisigl/Vogl 2020).

Die Arbeiten von Teun van Dijk, Chris Hart und Piotr Cap sind dem soziokognitiven Ansatz zuzuordnen, der die KDA mit sozialpsychologischen Grundlagen von Wahrnehmungsmodellen verknüpft (vgl. Wodak 2019; Reisigl/Vogel 2020).

Margarete und Siegfried Jäger und Florentine Maier betreiben in der KDA eine dispositive Analyse, wobei sie auf Überlegungen Foucaults zurückgreifen (vgl. ebd. 2019).

Theo van Leeuwen hat unter anderem den multimodalen Ansatz geprägt, der den visuellen Bereich systematisch aufbereitet und zur Analyse von visuellen Elementen wie Bildern, Videoschnitten oder Plakaten dient.

Ernesto Laclau und Chantal Mouffe prägten die KDA mit einem poststrukturalistischen Ansatz, der sich auf veränderliche gesellschaftliche Strukturen und Prozesse sowie deren Machtgeflechte konzentriert (vgl. Weber 2018). Sie weisen darauf hin, dass diskursiv verlaufende Prozesse gesellschafts- und identitätsstiftend sowie formend sind (vgl. ebd. 2018). Die Prozesshaftigkeit hat zur Folge, dass Diskurse von vornherein heterogen und nie vollendet sind (vgl. ebd. 2018).

Ruth Wodak und ihr Team haben den diskurs-historischen Ansatz geformt, der auch als ‚Wiener Spielart der KDA' bekannt ist und auf eine Studie von Antisemitismus in der Nachkriegszeit Österreichs und weitere Analysen historisch-kontroverser Mediendiskurse in Österreich, Deutschland und Großbritannien zurückgeht (vgl. Wodak 2011b, Reisigl/Vogel 2020). Bei dieser Form der KDA wird die historische Dimension von Diskursen als essentiell erachtet, um eine vielschichtige Perspektive in der Analyse zu schaffen.

Nach diesem kurzen Abriss der Arten der KDA und ihrer wesentlichsten Vertreter:innen ist noch einmal der große Mehrwert dieser Methodik für die Analyse von Grenzproblematiken und -thematiken hervorzuheben. In Webers Worten kann festgehalten werden: „Mit der zentralen Vorstellung der Hegemonialisierung von Diskursen über antagonistische Grenzziehungen ist der Zugang prädestiniert, um für Fragestellungen im Kontext der Grenze(n) Anwendung zu finden – von unterschiedlichen Grenzen und deren Machtverhältnissen ausgehend." (Biemann/Weber 2020: 78)

Eine erste grobe Definition dient der methodischen Einleitung, auf der im weiteren Verlauf aufgebaut wird. Für die weitere Erarbeitung und als grundlegende Voraussetzung bedarf es eines Verständnisses von ‚Diskurs' und ‚Kritik'. Eine erste von allen Ansätzen geteilte Definition von ‚Diskurs' ist, dass es sich um einen analytischen Begriff handelt, der alle sprachlichen und nichtsprachlichen Ressourcen bzw. Elemente umfasst, die der Öffentlichkeit zur Verfügung stehen. Wodak formuliert eine grundlegende Definition wie folgt: „In the most abstract sense ‚discourse' is an analytical category describing the vast array of meaning-making resources available to everybody" (Wodak 2011a: 39). Sprachliche bzw. nichtvisuelle Elemente sind zum Beispiel textliche Veröffentlichungen wie Reden von Politiker:innen,

Zeitungsartikel, Liedtexte oder auch wissenschaftliche Publikationen. Als nichtsprachliche bzw. visuelle Elemente gelten Bilder, Plakate, Videos, Filme oder auch Musik. Elemente sind somit nicht nur Ausdruck eines Diskurses, sondern können einen Diskurs beginnen sowie verändern. Innerhalb eines Diskurses können verschiedene Elemente benutzt werden, die auch unterschiedliche Wirkungsgrade erzeugen sollen oder können. Für die KDA ist nicht nur die Bestimmung des Begriffs

‚Diskurs' essentiell, sondern auch die Kritik der Diskursanalyse. Eine Erklärung für den Begriff ‚Kritik' handelt von der historischen Entwicklung durch den Marxismus und die Frankfurter Schule und lautet: „The use of the term in CDA can be traced to the influence of Marxist and later Frankfurt School critical theory, in which critique is the mechanism for both explaining social phenomena and for changing them." (ebd. 2011a: 40)

‚Kritisch' bedeutet für die Methodik demnach nicht, sich negativ zu einem bestimmten Thema argumentativ zu äußern, sondern mit ‚kritischer Betrachtung' ist hier eine fortdauernde Überprüfung „von selbstverständlich Angenommenen" und ein „regelmäßiges Hinterfragen von bislang Unhinterfragten" (Wodak 2018: 9) gemeint. Diese Definition zeigt ein Spannungsfeld auf, da die Forscher:innen im Analyseprozess selbst zu einem Reflexionsgegenstand werden (vgl. Januschek 2019). Der Grat zwischen subjektiver und objektiver Analyse der Diskurse, zwischen dem vermeintlichen Verständnis von kritischer Betrachtung und dem unbewussten Einfluss eigener Werte, Meinungen und Positionen der Forscher:innen ist schmal (vgl. ebd. 2019). Die vorliegende Arbeit und die Analyse des Materials stützt sich auf den DHA von Ruth Wodak. Im folgenden Abschnitt wird die Besonderheit des Ansatzes dargestellt.

4.1 Die Wiener Spielart: Der Diskurshistorische Ansatz

Beim DHA steht der historische Kontext von Diskursen im Vordergrund. Letztere lassen sich nach dieser Lesart nicht rein sprachlich verstehen, sondern erst mit einer kombinierten Betrachtung ihrer außersprachlichen Dimensionen wie Gesellschaft, Kultur und Ideologie (vgl. Wodak/Meyer 2016). Das heißt, im Rahmen des DHA wird die sprachliche Analyse in einen historischen Zusammenhang gestellt. Wodak und Köhler (2010: 35) schreiben hierzu: „Sie [die Diskurse] sind in sprachliche und nichtsprachliche, gesellschaftliche Handlungszusammenhänge eingebettet, die nur aufgrund des sozio- politischen, historischen wie auch situativen Wissens zu verstehen sind."

Die Historizität der Diskurse ist deshalb relevant, weil durch sie mehrere Perspektiven aufgezeigt werden können, die zu einer umfassenden Analyse von Texten beitragen (vgl. ebd. 2010). Dies ermöglicht erst das Verständnis des Rahmens der Textproduktion und daraus ergeben sich „intertextuelle, interdiskursive, diachrone wie synchrone Querverbindungen" (ebd. 2010: 36). Im DHA wird ‚Diskurs' daher auch als gesammelte Einheit definiert, die von inhaltlicher Bedeutung für ein spezifisches Thema ist (vgl. Wodak 2018). Diese inhaltliche Ebene bedarf eines analytischen Werkezugs, um deren tiefergehende Bedeutung erfassen zu können. Erst daraus wird der Diskurs für zu einem Analysemittel, der es ermöglicht die ideologisch konträren Positionen, die zum Thema vorherrschen, herauszuarbeiten. Wodak (ebd. 2011a: 48) verwendet ein hierzu Analysemodell für den DHA, das sich in vier Ebenen unterteilen lässt:

- the intertextual and interdiscursive relationships between utterances, texts, genres and discourses,
- the extra-linguistic social/sociological variables,
- the history and archaeology of texts and organizations, and
- institutional frames of the specific context of a situation.

Dieses Modell zeichnet den DHA aus, da eine systematische Herangehensweise verfolgt wird, um alle verfügbaren Informationen in die Analyse und Textinterpretation einfließen zu lassen (vgl. Wodak 2011b). Im Rahmen des DHA wird nicht nur die linguistische Seite eines Textes betrachtet, sondern dessen Kontext, zeitlicher Rahmen und soziologische Faktoren werden als gleichwertig angesehen. Sie sind für eine treffende Analyse und die Einordnung in einen größeren Kontext essentiell. Wodak fasst diesen Aspekt der Analyse wie folgt zusammen: "The discourse-historical approach is designed to enable the analysis of indirect prejudiced utterances, as well as to identify and expose the codes and allusions contained in prejudiced discourse." (ebd. 2011b: 62)

Im DHA wird dabei auf drei Dimensionen von Diskursen eingegangen: Semiosis, Historizität und Dialogizität. Die Semiosis der Diskurse bezeichnet hierbei das Verständnis der sozialen Rolle von Sprachverhalten und diskursiven Praxen. Damit ist die Wechselwirkung zwischen Sprache und Gesellschaft gemeint. Innerhalb eines Diskurses manifestieren sich soziale Prozesse, gleichzeitig bildet der Diskurs diese sozialen Prozesse auch ab. Dies führt zum Foucault'schen Schnittpunkt, dass soziale Interaktionen nie frei von Machtbeziehungen und immer an Normen und Werte gebunden sind. Die Historizität von Diskursen kann auch als ‚Intertextualität' verstanden werden. Das bedeutet, dass Diskurse immer auch mit weiteren, zur gleichen Zeit existierenden kommunikativen Begebenheiten in Beziehung stehen. Die dritte Dimension (Dialogizität) beschreibt das Verständnis, dass zu allen Diskursen mehrere plausible wie auch stimmige Interpretationen existieren und nie nur eine Interpretation zutreffend ist. Vielmehr wird mittels der Dialogizität darauf hingewiesen, dass das Verständnis sowie die Analyse von Diskursen abhängig von den Interessen, den Erwartungen und dem Wissen der jeweiligen Rezepient:innen und Forscher:innen ist. Nach dem DHA wird daher auch die eigene Hinterfragung und Positionierung zu Diskursen als essentiell in der KDA angesehen. Eine weitere Analysedimension im DHA sind die sogenannten ‚Strategien'. Diese entwickeln sich aus den Fragen, wie Akteur:innen und Handlungen dargestellt und welche sprachlich-stilistischen Mittel verwendet werden. Durch die Strategien, d. h. durch die bewusste oder unbewusste Textplanung, können diskursiv verhandelte Identitäten untersucht werden (vgl. Wodak 2019). Hierbei werden fünf Arten von Strategien unterschieden: referentielle Strategien, prädikative Strategien, argumentative Strategien, Strategien der Diskursrepräsentation und der Perspektivierung sowie Verstärkungs- und Abschwächungsstrategien. Mithilfe der einzelnen Strategien werden linguistische Begebenheiten untersucht, die als Legitimation zur Charakterisierung von Personen oder zur Einordnung von Handlungen dienen (vgl. ebd. 2019).

Im nächsten Abschnitt wird der Aufbau von Diskursen behandelt. Hierbei liegt der Fokus auf der exemplarischen Darstellung von Strategien, Topoi, Kategorien und weiteren Faktoren. Eine ausführliche Beschäftigung der Wirkungsweisen der einzelnen Faktoren kann an dieser Stelle nicht gewährleistet werden und verweise hiermit an die verschiedenen literarischen Ausführungen von Ruth Wodak zu diesem Thema (vgl. Wodak 2009; Wodak/Köhler 2010; Wodak/Meyer 2016).

4.2 Struktur und Analyse von Diskursen

In der KDA und spezifisch im DHA werden Texte in Genres (Textsorten) eingeordnet. Das Genre kann hierbei als ein bestimmtes argumentatives und sprachliches Verfahren verstanden werden, das auch mit anderen als rein sprachlichen Kommunikationsmitteln kombiniert wird, zum Beispiel mit Bildern. Für eine Analyse werden im DHA die Diskurse auf ihren Inhalt, ihrer Argumentationsstrategie und ihrer sprachlichen Realisierungsmittel analysiert (vgl. Wodak 2019). Diese drei Dimensionen stellen die Operationalisierung der Methodik dar. Ausgehend davon ist es hilfreich den Diskurs und die dazugehörigen Dimensionen auf die Bezugnahme des Textes auf andere Texte (Intertextualität), auf die Kontextverschiebung des Textes (Rekontextualisierung) und auf allgemein-diskursübergreifende Tendenzen (Interdiskursivität) zu untersuchen (vgl. ebd.2019). Unter ‚Intertextualität' wird, wie bereits erwähnt, die Beziehung eines Textes zu anderen Texten aus Vergangenheit und Gegenwart verstanden. Mit ‚Rekontextualisierung' wird der Prozess beschrieben, dass Argumente sich durch einen Wechsel des Genres oder des Publikums verändern. ‚Interdiskursivität' bedeutet, dass themenverwandte Diskurse auf unterschiedliche Arten miteinander verbunden sind. Topoi sind inhaltsbezogene Schlussfolgerungsregeln, nach denen Argumente mit Schlussfolgerungen kombiniert werden, wobei auf erforderliche Belege oder Verweise verzichtet wird. Beispiele hierfür können sein der ‚Topos der Gefahr': „Wenn eine Gefahr besteht oder naht, dann muss man sich wehren und ihre Ursachen bekämpfen" oder der ‚Topos des Volkes': „Wenn das Volk eine Handlung will/nicht will, dann soll diese Handlung folgend/nicht folgen" (ebd. 2019 :15)

Der einzelne Topos ergibt sich aus dem Zusammenspiel mit einer Strategie. In der KDA und im spezifischen DHA können auch multimodale Methoden angewendet werden. Bilder und Begleittexte müssen zusammenhängend analysiert werden (vgl. Wodak/Köhler 2010). Bilder tragen zu Mehrfachbotschaften bei, da sie im Unterschied zu sprachlichen Texten subtiler verwendet werden können. Sie verfügen über eine inhärente Vagheit, Ambivalenz und Metaphorik. Der Faktor Vagheit ist bedeutsam in der politischen Kommunikation, da hierdurch für die Rezipient:innen verschiedene Interpretationen und Identifikationen möglich sind. Die Ambivalenz von Bildern ist daran zu erkennen, dass diese eine große Bandbreite an Assoziationen auslösen können, die durch die Erfahrungen, Wertvorstellungen und Stereotypen der Individuen bedingt ist. Bilder sind dadurch dialogisch. Des Weiteren erzählen Bilder von einem spezifisch-historischen Zeitpunkt, in dessen Kontext sie verstanden werden können, und haben die Fähigkeit, codierte Argumentationssequenzen zu transportieren, weshalb sie zugleich statisch und dynamisch sind (vgl. ebd. 2010).

Die folgenden Fragestellungen dienen zur Unterstützung und Strukturierung der Analyse:

- Zu welchen Eigenschaften und Ereignissen werden die Grenzschließungen durch die Zeitungen in Beziehung gesetzt? Werden sie als unilaterales Vorgehen oder als nationale Sicherheitsmaßnahme betrachtet?
- Welche Eigenschaften werden der EU in der Frage der Grenzschließung durch Äußerungen der Zeitungen zugesprochen?
- Wie wird Solidarität im Diskurs der Grenzschließung wahrgenommen?
- Werden die EU-Institutionen bei der Frage der Grenzschließung adressiert bzw. wie werden sie bewertet?

Der DHA ist insofern hilfreich, als durch ihn eine strukturierte Vorgehensweise festgelegt ist, die die Beantwortung der selbstgestellten Fragen im Rahmen der Strategien erleichtert. Reisigl hat die zentralen Schritte einer Diskursanalyse in einer Tabelle zusammengefasst (siehe Tabelle 1).

Tabelle 1: Diskursive Strategien des Diskurshistorischen Ansatzes

Fragen zur Annäherung an diskursive Eigenschaften	Diskursstrategien	Zweck
Wie werden Personen, Objekte, Phänomene, Ereignisse, Prozesse und Handlungen in dem betreffenden Diskurs sprachlich benannt und bezeichnet?	**Benennung**	Diskursive Konstruktion von sozialen Akteuren, diskursive Konstruktion von Objekten, Phänomenen, Ereignissen, Diskursive Konstruktion von Prozessen und Handlungen
Welche Eigenschaften oder Qualitäten werden den im Diskurs genannten Sozialen Akteuren, Objekten, Phänomenen, Ereignissen, Prozessen und Handlungen zugeschrieben?	**Zuschreibung**	Diskursive Charakterisierung von sozialen Akteuren, Objekten, Phänomenen, Ereignissen, Prozessen und Handlungen (z.B. positiv oder negativ)
Welche Argumente werden im Diskurs verwendet?	**Argumentation**	Überzeugung der Adressaten von der Validität bestimmter Wahrheitsansprüche und normativer Richtigkeit
Aus welcher Perspektive werden diese Benennungen, Zuschreibungen, Argumente geäußert?	**Perspektivierung**	Positionierung des Standpunkts des Sprechers oder Schreibers und Ausdruck von Beteiligung oder Distanz
Werden die jeweiligen Äußerungen offen artikuliert, werden sie verschärft oder abgemildert?	**Abschwächung und Intensivierung**	Modifizierung der Wirkmacht von Äußerungen im Hinblick auf ihren epistemischen oder deontischen Status

Quelle: Reisigl 2017: 52 (Übersetzung des Autors)

4.3 Materialkorpus

Der zu analysierende Materialkorpus umfasst Zeitungsberichte mehrerer Tageszeitungen. Es werden dabei drei europäische Länder und ihr medialer Diskurs untersucht. Deutschland, Österreich und Großbritannien stehen dabei stellvertretend für drei europäische Länder, die sich zur Frage der Grenzen unterschiedlich positionieren.

Deutschland als geographisch zentrales Schengen-Mitglied hat mit neun Nachbarländern, die alle ebenfalls Mitgliedsstaaten im Schengener Abkommen sind, die höchste Anzahl an Nachbarländern in Kontinentaleuropa.

Die alpine Republik Österreich teilt mit acht Ländern eine Grenze, die alle seit 2011 Teil des Schengener Abkommens sind. Sowohl Deutschland als auch Österreich wurden schon 2015/2016 dafür kritisiert, ohne Absprachen und Verhältnismäßigkeit partielle und befristete Grenzkontrollen wiedereingeführt zu haben.

Großbritannien nimmt in dieser Betrachtung eine Sonderstellung ein, da es als ehemaliges EU-Land nie Teil des Schengener Abkommens war und eine betont euroskeptische Haltung einnimmt. Zudem wurden die Themen der Zuwanderung und der Rückgewinnung der Grenzkontrollen in der Brexit-Frage 2016 im medialen Diskurs ausführlich erörtert.

Darüber hinaus erscheint es aus analytischer Perspektive folgerichtig, für die Abbildung eines breiten Spektrums gesellschaftlicher Sichtweisen zu sorgen und daher pro Land Zeitungsberichte einer links-liberalen Tageszeitung und einer konservativen Boulevardzeitung auszuwählen.

Für Deutschland wurden Zeitungsberichte der ‚Zeit' und der ‚Bild' ausgewählt. ‚Die Zeit' ist eine donnerstags erscheinende Wochenzeitung, die mit ihrer liberalen Ausrichtung zu einer der beliebtesten Zeitungen Deutschlands gehört (vgl. eurotopics). ‚Die Bild' ist eine konservative täglich erscheinende Boulevardzeitung und zugleich die auflagenstärkste Zeitung Deutschlands (vgl. eurotopics).

Der mediale Diskurs in Großbritannien wird exemplarisch anhand der Tageszeitung ‚The Independent' und des ‚Daily Express' analysiert. Der ‚Independent' ist eine seit 2016 ausschließlich digital vertriebene (Tages-)Zeitung, die als liberal gilt und für journalistische Integrität steht (vgl. Britannica 2017b). Der ‚Daily Express' ist eine rechts-konservative Boulevardzeitung, die dem rechten Flügel der Tories sowie der UK Independence Party (UKIP) nahesteht und für euroskeptische Ansichten bekannt ist (vgl. MBFC 2022).

Für Österreich kann ausschließlich die Tageszeitung ‚Der Standard' untersucht werden, da es nicht ohne größeren Mehraufwand möglich ist, auf die (Online-)Archive der österreichischen Boulevardzeitungen zurückzugreifen. ‚Der Standard' ist eine von Montag bis Samstag erscheinende Tageszeitung, die sich als unabhängiges Medium mit liberalem Profil versteht (vgl. eurotopics).

Das Genre der Diskursanalyse ist der mediale Diskurs dreier ausgewählter Länder und die Textsorten sind Zeitungsberichte einer links-liberalen Tageszeitung und einer konservativen Boulevardzeitung. Sofern Bilder in den Zeitungsberichten verwendet wurden, werden diese ebenfalls als Textsorte analysiert und in Beziehung zum Begleittextgesetzt.

5. Analyse der medialen Berichterstattung

Der mediale Diskurs um die Grenzschließungen ist gekennzeichnet von bestimmten Argumentationsstrategien, die sich während des Betrachtungszeitraums änderten, jedoch von den hier ausgewählten und untersuchten Zeitungen gleichermaßen angewendet werden. Zur übersichtlicheren Gestaltung erfolgt eine Gliederung in drei zeitliche Themenabschnitte. Die hier besprochenen Beispiele und deren Interpretationen dienen als exemplarisches Anschauungsmaterial des Diskurses von Grenzkontrollen innerhalb des Schengen-Gebietes.

5.1 Am Tag der Verkündung EU-weiter Grenzschließungen

Den Anfang der medialen Berichterstattung markiert die Ankündigung verschiedener Regierungen von EU- und Schengen-Mitgliedsstaaten, die Grenzen innerhalb des Schengen-Gebietes zu kontrollieren bzw. zu schließen. Der Zeitraum hierfür erstreckt sich für die zu untersuchenden Zeitungen vom 11. bis 16. März 2020. Schon anhand der ersten Artikel lassen sich die unterschiedlichen Fokusse der Argumentationsstrategien erkennen.

‚Der Standard' ist eine linksliberale Tageszeitung, die mit einer Auflage von 90 000 zu den meistgelesenen Zeitungen Österreichs gehört. Steffen Arora verfasste den ersten Bericht für den ‚Standard'. Er ist Tirol-Korrespondent und im genannten Artikel berichteter von Tirol aus über die Grenzschließungen an der österreichisch-italienischen Grenze. In seinem Artikel, der am 11. März 2020 veröffentlicht wurde, konzentriert er sich auf das individuelle Erleben der politischen Entscheidung zu Grenzkontrollen. Geprägt ist der Artikel von einem nüchternen Stil, in dem die Situation vordergründig beschrieben wird: „Der grenzüberschreitende Bahn- und Busverkehr wurde komplett eingestellt" (Aurora 2020). Aurora nimmt keine indirekte Bewertung der Maßnahmen an sich vor, es sind aber andere Punkte ausfindig zu machen, die indirekt kritisiert werden. Die Kontrollen der österreichischen Exekutive sind, laut Aurora, herausgefordert und herausfordernd. Deutlich wird dies anhand der Überschrift, in der der „holprige Start bei Grenzkontrollen zu Italien" (ebd. 2020) genannt wird, oder im Textverlauf, wenn von gestrandeten Bahnreisenden am Brenner gesprochen wird. Eine indirekte Argumentationsstrategie wird in folgender Passage ersichtlich, in der Aurora erklärt, dass „die Regierung in Rom sowie d[ie] EU-Kommission in Brüssel" sich überrascht gezeigt und ihre Hilfe bei der Koordinierung angeboten haben, aber Österreich sich nicht über das Schengen-System gemeldet hat (ebd. 2020). Die österreichische Regierung fiel bei vorherigen EU-weiten Herausforderungen als unilateral handelnder Akteur auf. Aurora stellt eine indirekte

Verbindung her, dass auch in diesem Fall die österreichische Regierung unilateral handelt. In den darauffolgenden Monaten der anhaltenden Grenzschließungen verwendete der ‚Standard' diese Argumentationsstrategie zur Beschreibung der österreichischen Regierung zunehmend expliziter.

Der Artikel erschien mit einem Foto, das den Grenzübergang am Brenner zeigt. Es ist eine graphische Momentaufnahme der textlich beschriebenen Situation. Abgebildet sind Tourist:innen mit Gepäckkoffern, die von Polizisten woanders hingeleitet werden. Das Foto vermittelt den Eindruck, dass sich die Exekutive um die Situation kümmert, doch lässt es auch ein Gefühl von möglichen chaotischen und undurchschaubaren Zuständen an Grenzübergängen entstehen.

Aurora verwendet eine bildhafte Sprache bei der Beschreibung der Polizei: Die Polizisten „marschierten am alten Zollhaus auf der Brennerstraße auf" (ebd. 2020). ‚Marschieren' in Verbindung mit der Polizei als gewaltausübende staatliche Institution erweckt eine militärische Assoziation, die im weiteren Verlauf des Textes nicht weiter ausgebaut wird, doch entsteht das Bild einer ‚militarisierten' Grenze. Im Text wird die Polizei als helfender, aber auch etwas überforderter Akteur skizziert, da „die Situation […] alle Beteiligten vor große Herausforderungen" stelle (ebd. 2020). Auffällig ist auch, dass die Situation der Grenzkontrollmaßnahmen zwar als ungewohnt und zum Teil chaotisch wahrgenommen wird, diese jedoch von Aurora in ihrer zeitlichen oder räumlichen Komponente weder bewertet noch eingeschätzt werden: „Allerdings ist die Maßnahme laut Verordnung vorerst auf zehn Tage befristet" (ebd. 2020). Das letzte Einzelthema aus diesem Artikel bezieht sich auf die Diskursverschränkung ‚chaotische Grenzkontrollen und solidarisches Handeln'. Aurora beschreibt hier eine Situation von festsitzenden Menschen, die von einem angeheuerten Transportunternehmen zu einem festgelegten Geldbetrag nach München gebracht werden sollten, dann aber am Ziel angekommen einen höheren Betrag bezahlen mussten (vgl. ebd. 2020). Der Abschnitt ist eine indirekte Diskursverschränkung, die als ‚ökonomischer Eigennutz statt solidarischer Hilfeleistung in einer Notsituation' bezeichnet werden kann. Aurora vermittelt auf unterbewusste Weise der Leser:innenschaft mit dieser Erzählung den Eindruck, dass ‚Menschen andereMenschen in einer Notsituation finanziell ausnutzen' (vgl. ebd. 2020).

Der erste Artikel des ‚Standard' über die angelaufenen Grenzkontrollen ist insgesamt in einen unaufgeregten Tonfall geschrieben, in dem die individuelle Sicht der betroffenen Akteur:innen wiedergegeben wird. Dennoch wird mit einigen angesprochenen Themen wie der unilateral handelnden österreichischen Regierung, der Polizei als ausführendem Akteur oder dem profitorientierten Transportunternehmen den Leser:innen eine indirekte subjektive Botschaft übermittelt. Eine liberale Haltung des ‚Standard' lässt sich in diesem Artikel erkennen und in den darauffolgenden Berichten kommt diese politische Einfärbung expliziter zum Vorschein.

Der nächste zu untersuchende Artikel wurde in der ‚Zeit' veröffentlicht. ‚Die Zeit' hat ebenso wie der ‚Standard' eine politisch liberale Ausrichtung, jedoch eine deutlich höhere Auflage von 504 000 im Jahr 2019.

Der erste hier analysierte Artikel zu den Grenzschließungen ist am 15. März 2020 in der Rubrik Politik erschienen. Verantwortlich zeichnet sich hierfür die ‚Zeit'-Redaktion. Unter der Überschrift „Deutschland riegelt Grenzen zu fünf Ländern teilweise ab" lassen sich bestimmte Argumentationsstrategien wiederfinden. Ähnlich wie der ‚Standard' arbeitet die ‚Zeit' vorrangig mit einem nüchternen, deskriptiven Schreibstil, der in der journalistischen Praxis als Pflicht bei informativen Artikelformaten gilt. Handlungen und Meinungen von Akteur:innen werden durch die Verwendung von direkten Zitaten belegt, um nicht durch indirektes Zitieren Meinungen zu implizieren. Der Artikel handelt vordergründig von den beschlossenen Grenzschließungen des BMI, doch das hintergründige bestimmende Thema sind die ökonomischen Auswirkungen. In der ersten Hälfte wird darauf hingewiesen, dass von den Grenzmaßnahmen „der Warenverkehr und der Verkehr von Pendlern" ausgenommen seien und Horst Seehofer, der damalige deutsche Bundesinnenminister, wird mit den Worten zitiert, dass „ja nicht die Berufstätigkeit" verboten sei (Zeit 2020a). Auch wird im weiteren Verlauf der damalige Bundeswirtschaftsminister Peter Altmaier zitiert, der Seehofers Ankündigungen in anderer Formulierung wiedergibt und unterstützt: „Der freie Warenverkehr und wirtschaftliche Aktivitäten sollten nicht unzumutbar beeinträchtigt werden" (ebd. 2020a). Der Fokus liegt in der ersten Hälfte des Artikels auf der nationalpolitischen Dimension der deutschen Entscheidung im Hinblick auf die Thematik der Grenzschließung und der Unterstützung der Wirtschaft. Der freie Warenverkehr innerhalb des Schengen-Raums wird dabei als unilateral beschlossene Ausnahmekorrektur dargestellt. Im letzten Abschnitt des Artikels hingegen steht EU-Kommissionspräsidentin Ursula von der Leyen im Mittelpunkt. Dabei wird zwar weiterhin die Thematik der Grenze und der Ökonomie behandelt, jedoch geht es in jenem Abschnitt um Folgen von unilateralen Handlungen nationaler Regierungen anstatt multilateral abgestimmter Aktionen. Von der Leyen warnt aufgrund der Grenzschließungen vor leeren Supermarktregalen. Sie fordert, „unseren gemeinsamen Binnenmarkt am Laufen zu halten" und kündigt einheitliche Kontrollmaßnahmen an europäischen Grenzen sowie die gemeinsame

Beschaffung von Tests und Beatmungsgeräten an (ebd. 2020a). Hier lässt sich eine indirekte Diskursverschiebung im Text erkennen; von einer nationalstaatlichen Sicht (‚Beeinträchtigungen für wirtschaftliche Aktivitäten und freien Warenverkehr durch die Grenzschließungen mithilfe von unilateral getroffenen Ausnahmen zu minimieren') zu einer europäischen Sicht, die auf „benötigte gemeinsame Regeln und Einheitlichkeit hinweist". Als Begründung kann die textliche Anordnung dieser zwei nebeneinanderstehenden Argumentationsebenen angeführt werden: In den oberen Abschnitten wird die unilaterale Vorgehensweise beschrieben und der letzte Abschnitt ist gänzlich von der Leyens Warnung gewidmet, mulilaterales Vorgehen zu beachten. Es wird weder konkret noch absichtlich diese Argumentationsstrategie den Leser:innen aufgedrängt, doch mit der Anordnung und dem Eingehen auf von der Leyen wird indirekt und unterbewusst multilaterales Handeln bevorzugt.

Grenzschließungen, so die ‚Zeit', werden durch die ‚schnelle und aggressive Ausbreitung' legitimiert, was unter die Argumentationsstrategie ‚der Kampf gegen das Virus/die Krankheit' fällt und mit dem ‚Gefahrentopos' begründet wird. ‚Die Zeit' zitiert hierzu die ‚Bild', die berichtet, dass die Kontrollmaßnahme „nicht nur die Corona- Pandemie eindämmen, sondern auch ein Versuch sein [soll], übermäßige Vorratskäufe von Ausländern zu unterbinden, die im grenznahen Raum bereits zu Versorgungsproblemen geführt hätten" (ebd. 2020a). Suggestiv wird hier ein Gefahrenpotential durch eine nicht näher bestimmte Gruppe dargestellt, die durch ihre Anwesenheit in Deutschland zu Versorgungsproblemen führen würde. Argumentativ dienen somit Grenzkontrollen und -schließungen zum Schutz der Bevölkerung wie auch zur Herstellung von Ordnung. Hierauf und auf weitere Strategien wird im Kontext des dazugehörigen ‚Bild'-Artikels eingegangen, der noch besprochen wird. Der ‚Zeit'- Artikel übernimmt oder verwendet diese Argumentationsstrategie nicht, da der erwähnte Abschnitt als indirektes Zitat unter Verwendung des Konjunktivs wiedergegeben wird. Ohne direkte Benennung lässt sich eine skeptische Meinung über die Richtigkeit dieser Meldung erkennen. Doch wird auch nicht klar ersichtlich, weshalb der Artikel diese Meldung der Bild überhaupt aufgreift und unkommentiert stehen lässt. Auf analytischer Ebene lässt sich dennoch eine Diskursverschiebung erkennen. Das bedeutet, ein Argument zu einem Diskurs wird von einem Medium gestartet und ein weiteres Medium nimmt das Argument auf und macht es somit zu einem Diskursthema. Absichtlich oder unabsichtlich hat die Zeit das Thema ‚Ausländer stellen durch Vorratskäufe ein Problem für die Versorgung dar' zum Diskursstrang des übergeordneten Diskurses um die Grenzschließungen gemacht und den dahinterliegenden Topos der Gefahr (durch Ausländer) weiterverbreitet.

Der ‚Zeit'-Artikel stellt vordergründig einen sachlichen Lagebericht über die anstehenden Grenzkontrollen und -schließungen sowie deren vorrangig wirtschaftliche Auswirkungen dar. Bei genauerem Hinsehen wird deutlich, dass der Artikel auf dem Diskursstrang der wirtschaftlichen Aktivität durch multilaterale Zusammenarbeit aufbaut und dass darin eine Diskursverschiebung durchgeführt wird, indem zwar mit unterschwellig skeptischem Blick eine vermeintliche Meldung der ‚Bild' referiert wird, aber die dahinterliegende Argumentationsstrategie dennoch indirekt weitergetragen wird.

Die Artikel des ‚Standard' und der ‚Zeit' unterscheiden sich insofern, als zwar in beiden Artikeln die nationalen politischen Entscheidungsträger:innen als Akteur:innen erwähnt werden, doch ausschließlich im ‚Zeit'-Artikel die EU als aktiver Akteur, vertreten durch Kommissionspräsidentin von der Leyen, genannt wird. Ausgehend hiervon wird als Nächstes der erste veröffentlichte Artikel der ‚Bild' zu den angekündigten Grenzschließungen besprochen.

‚Die Bild' ist eine überregional erscheinende Boulevardzeitung mit einem konservativen politischen Hintergrund. Sie richtet sich vorrangig an „die Schicht der Arbeits- und Konsumbevölkerung" (Kühntopf 2014) und ist mit einer Auflage von knapp 1,4 Millionen im Jahr 2019 die meistgelesene Zeitung Deutschlands. Daher hat sie einen großen Einfluss auf Diskurse und die in ihren Artikeln angewendeten Argumentationsstrategien entwickeln sich oft zu Diskurssträngen.

Der hier untersuchte Artikel erschien am 12. März 2020. Er wurde geschrieben von Franz Solms-Laubach, der Parlamentskorrespondent und zuständig für das Thema der inneren Sicherheit ist, und dem ‚Bild'-Journalist Frank Schneider.

Die Überschrift des Artikels lautet: „Deutschland verschärft Grenzkontrollen" (Solms-Laubach/ Schneider 2020). Inhaltliche Aspekte bilden die Kontrollen, die vor allem Sicherheit durch die Polizei generieren, und ein mögliches Chaos, das durch die Kontrollen auf der Autobahn entstehen könnte. Der Stil der Berichterstattung unterscheidet sich stark von dem des ‚Standard' und der ‚Zeit'. Der Text ist von einem einfachen und direkten Satzbau geprägt, der durch die Verwendung von Modalverben gekennzeichnet ist. Beispiele sind „es wird gehandelt" und „es sollen Autos sowie Bahnen kontrolliert werden" (ebd. 2020). Hierdurch entsteht der Eindruck von aktiv handelnden Akteur:innen. ‚Bild'-Redakteur:innen stützen in ihren Artikeln ihre Behauptungen durch die Verwendung von indirekten Argumenten. Ein Beispiel hierfür ist, dass die Grenzschließungen laut dem RKI als nicht sinnvoll angesehen werden, dennoch „diese Sicht […] das Bundesinnenministerium nun aber offenbar nicht mehr" teilt (ebd. 2020). Das indirekte Argument wertet in diesem Fall die Autorität des

RKI abund unterstreicht das eigene Argument, indem ‚nicht' durch Großschreiben hervorgehoben wird. Weiterhin arbeiten Solms-Laubach und Schneider mit dem Argument des Kampfes gegen die Krankheit und dem Kontroll- bzw. Ordnungstopos. Beispiele für die Argumentationen bilden Begründungsphrasen wie „die Infektionskette durch Kontrollen zu durchbrechen" oder „Behörden mehr Zeit im Kampf gegen die Krankheit verschaffen" (vgl. ebd. 2020). Die Redakteure erzeugen durch die Argumentationsstrategie das Gefühl, dass die Exekutive – hier: das BMI und Seehofer als zuständiger Minister – die Kontrolle behält und Ordnung schafft. Eine weitere Strategie der ‚Bild' ist die bewusste Verwendung von Konjunktiven und indirekten Zitaten, die am folgenden Beispiel zu erkennen ist. Solms-Laubach und Schneider sprechen davon, dass nun Bundespolizisten an den Grenzen auch Autos kontrollieren, damit die Krankheit nicht unkontrolliert weiterverbreitet werden kann, doch sie implizieren, dass ein Verkehrschaos entstehen könnte, wenn alle Autos gestoppt und kontrolliert werden (vgl. ebd. 2020). Subtil lenkt damit die ‚Bild' ihre Leser:innen in die Richtung, dass chaotische Zustände durch die Grenzkontrollen auf den Autobahnen entstehen könnten. Mit dieser Argumentationsstrategie wird das Ziel verfolgt, Behauptungen aufzustellen, um hiermit den Diskurs lenken und beeinflussen zu können, da bestimmte Argumente aufgegriffen werden und sich zu Diskurssträngen entwickeln. Durch das Implizieren von möglichen chaotischen Zuständen schaffen die Redakteure den Eindruck, dass an den Grenzen möglicherweise künftig keine Ordnung hergestellt werden kann. Diese Behauptung stellt aber nicht das Hauptargument des Artikels und der Beschreibung des Diskurses um die Grenzkontrollen dar. Vielmehr liegt der Fokus auf den „verschärften Grenzkontrollen" und den daran beteiligten Akteur:innen. Durchgehend erwähnen Solms-Laubach und Schneider die „Bundespolizei" oder das „Bundesinnenministerium", wenn sie über die Kontrollen schreiben.

Im Artikel wird versucht, eine neutrale Position zur Situation der angekündigten Grenzmaßnahmen einzunehmen, doch wird an einigen Stellen anhand der sprachlichen Stilmittel deutlich, dass die ‚Bild' halbwahre Behauptungen und Vermutungen als Fakten darstellen möchte.

Ein ähnlicher Stil lässt sich in der Berichterstattung des ‚Daily Express' finden. Hierbei handelt es sich um eine von Montag bis Samstag erscheinende britische Boulevardzeitung, die konservativ bis nationalkonservativ ausgerichtet ist. Medienbeobachter:innen kritisieren die Zeitung für die Verbreitung von Fake-News und Artikeln mit pseudowissenschaftlichen Inhalten, unter anderem zu Covid-19. Der ‚Daily Express' unterstützt zudem rechtskonservative, euroskeptische Parteien, die den Brexit vollumfänglich befürwortet haben, darunter die UKIP. Mit einer Auflage von ca. 320 000 im Jahr 2019 befindet sich ‚The Daily Express' im

Vergleich zu anderen britischen Zeitungen im Mittelfeld der auflagenstarken Zeitungen.

Der erste Artikel ist am 12. März 2020 vom Brüsseler Korrespondenten Joe Barnes veröffentlicht worden. Der Fokus des Artikels liegt beim Thema der Grenzschließungen im Schengen-Raum und deren Auswirkungen auf der Rolle der EU-Institutionen und vorallem auf der EU-Kommissionspräsidentin Ursula von der Leyen.

Auch hier lässt sich auf den ersten Blick ein unaufgeregter Schreibstil erkennen, in dem zunächst einmal die neuesten Entwicklungen präsentiert werden. Doch bei genauerer Betrachtung kann ein subtiler Ton festgestellt werden, der die Leser:innen in eine bestimmte Richtung lenkt.

Die dominierende Argumentationsstrategie von Barnes in diesem Artikel kann als Strategie der Diffamierung der EU bezeichnet werden. Barnes konzentriert sich darauf, unterschwellig die EU-Institutionen und deren politische Vertreter:innen mit der krisenhaften, chaotischen Situation zu assoziieren. In der Überschrift wird die Situation als „Schengen Area crisis: EU states close borders as coronavirus outbreak grips bloc" (Barnes 2020b) dargestellt. Anders als in den zuvor betrachteten Zeitungen werden die Schengen-Grenzkontrollen und -schließungen hier zum ersten Mal als ‚Krise' beschrieben. Die Krise wird dabei vor allem mit einem Akteur verbunden, mit der EU. Dies wird aus dem Einleitungssatz ersichtlich. Barnes weist darauf hin, dass die Personenfreizügigkeit im Chaos versunken ist, nachdem die EU-Spitzen gegen Trumps Einreiseverbot ‚protestiert'[1] haben (vgl. ebd. 2020b). Die Personenfreizügigkeit beschreibt Barnes als die ‚hochgeschätzte' oder auch ‚so geliebte' Freizügigkeit der EU. Hierdurch entwirft Barnes zwei konträre Ebenen der EU. Auf der einen Ebene protestiert die EU-Spitze gegen Einreiseverbote und auf der anderen verhängen EU-Staaten Reisebeschränkungen. Der Artikel impliziert ein widersprüchliches bis opportunistisches Verhalten der EU-Spitzen. Immer wieder wird im Text auf die scharfe Kritik und das Missfallen des Einreiseverbots von Trump eingegangen. Dabei benutzt Barnes eine starke bildhafte Sprache bei der Beschreibung aktiver Handlungen der EU-Spitzen, die Maßnahmen ‚scharf kritisiert' und ‚verdammt' oder auch ‚Maßnahmen angeprangert' haben (vgl. ebd. 2020b). Als zweite Argumentationsstrategie werden dagegen in einem nüchternen Stil die einzelnen Politiker zitiert, die ihre Grenzen zu anderen Schengen- Staaten geschlossen haben. Der Schreibstil bleibt an dieser Stelle frei von Wertungen und bewussten oder unterbewussten Kommentaren. Bemerkenswert ist zudem, dass Trumps Einreiseverbot für Menschen aus den Schengen-Staaten im Diskurs der Grenzschließungen aufgegriffen wird. In den Zeitungen aus Deutschland und Österreich wurde dem Diskursstrang um Trumps EU-Einreiseverbot nicht

---

[1] Bedeutung für rail: "to criticize (someone) severely or angrily especially for personal failings (Merriam-Webster o.D.)"

die gleiche Bedeutung beigemessen bzw. kein Vergleich zu den Grenzschließungen innerhalb des Schengen- Raums hergestellt. Die verwendeten Fotos können als bildhafte Argumentationsstütze gewertet werden. Alle drei Fotos, die im Artikel vorkommen, beziehen sich auf von der Leyen und Michel. Die ersten zwei Fotos trennen im ersten Abschnitt textlich zwei zusammengehörende Zitate von einem Sprecher des slowakischen Innenministeriums. Auf dem ersten Foto ist von der Leyen frontal in die Kamera schauend vor einer von Blau ins Rötliche gehenden Europakarte zu erkennen. Sie wird dabei redend gezeigt und ihr Gesichtsausdruck ist deshalb schwer zu interpretieren, doch durch die aufgerissenen Augen und den offenstehenden Mund, gepaart mit der rötlichen Warnsignalfarbe, wirkt das Szenario bedrohlich negativ. Im Untertitel zum Bild wird die Krisenmetapher erneut aufgegriffen und von einer ‚Reisekrise' berichtet. Das zweite Bild befindet sich direkt darunter und zeigt von der Leyen an einem Pult stehend. Anhand ihrer Mimik und Gestik verdeutlicht das Foto, dass sie etwas erklärt. Im Hintergrund sind eine Europaflagge und verschwommene Piktogramme zu erkennen. Im Zusammenhang mit dem Foto wird nochmals von der Leyens Kritik am EU-Reisebann von Trump beschrieben. Das dritte Bild zeigt Charles Michel, der sitzend zu einem Gegenstand schaut, der sich nicht im Bildausschnitt befindet. Hinter ihm ist das EU-Symbol, die 27 Sterne, zu sehen. Im Untertitel hierzu wird die Szenerie so beschrieben, dass Michel via Videoübertragung mit den EU-Regierungschef:innen zusammengekommen ist. Die Fotos verdeutlichen erneut Barnes' Konzentration darauf, das Duo von der Leyen und Michel als die negativ handelnden Akteur:innen darzustellen. Der ‚Daily Express' verfolgt eine normativ geführte Argumentationsstrategie, auf deren Basis in diesem Artikel die Akteur:innen unterschiedlich bewertet werden, um somit unterbewusst die Leser:innen in ihrer Meinung zu beeinflussen. Werden die EU-Spitzen erwähnt, benutzt Barnes eine besonders negative bildhafte Sprache und erzeugt Assoziationen von Krise und Chaos mit der EU. Die nationalen EU-Regierungen erhalten hingegen keine bestimmten Zuschreibungen, wodurch das Gefühl verstärkt wird, neutrale Fakten und Informationen zu lesen. Auch ist anzumerken, dass im Artikel absichtlich oder unabsichtlich keine britischen Akteur:innen erwähnt werden, weder allgemein bezüglich der Grenzschließungen noch im Hinblick auf Trumps Einreiseverbot.

Einen anders gelagerten Einblick in die britische Berichterstattung ermöglicht ‚The Independent'. Dabei handelt es sich um eine komplett online erscheinende Zeitung, die sich keiner (partei)politischen Strömung zuordnen lässt und als liberal bis linksliberal angesehen wird. Der erste Artikel erschien am 12. März 2020 und wurde verfasst von Lizzy Buchan, der politischen Korrespondentin. Der Schreibstil ist neutral gehalten. Buchan verwendet weder bewusst noch unterschwellig eine bestimmte Argumentationsstrategie, um die Leser:innenschaft zu beeinflussen. Die hier angewendete Argumentationsstrategie lässt sich als faktenbasierte Strategie beschreiben. Buchan lässt unterschiedliche Akteur:innen zu Wort kommen, sie greift mehrheitlich auf direkte Zitate zurück, um somit die Meinung der einzelnen Individuen für sich stehen zu lassen. Im Artikel, der von den Grenzschließungen und vor allem von Trumps Einreisebann handelt, werden vordergründig die Reaktionen der britischen Politik beschrieben. Von der Regierungsseite wird die Aussage von Rishi Sunak, dem damaligen Finanzminister, zitiert, dass es keinen Beweis dafür gibt, dass Reiseverbote die Ausbreitung des Virus verhindern (vgl. Buchan 2020). Auffällig ist, dass Sunak, der im Artikel mehrmals zitiert wird, die Haltung und Handlung der Regierung mithilfe wissenschaftlicher Argumentationsführung begründet, zum Beispiel „no evidence" oder „we are always guided by science as we make our decisions" (ebd. 2020). Die Sichtweise der EU-Spitzen nimmt im gesamten Artikel zwei Sätze ein. Charles Michel wird hierfür als Vertreter zitiert, dass ‚die EU die Situation bewertet und Europa alle notwendigen Maßnahmen trifft, um ökonomische Störungen zu vermeiden, die Infektionszahlen niedrig zu halten und die Forschung zu unterstützen' (ebd. 2020)[22]. Die Reaktion der EU-Spitzen nimmt deutlich weniger Raum ein. Sie wird nüchtern und analysierend dargestellt. Es wird weder von ‚harter Kritik' noch von ‚Verdammung' gesprochen, anders als im ‚Daily Express'.

Im Unterschied zu Barnes lenkt Buchan die Leser:innen unterschwellig zu einer bestimmten Wertung über Trump. Das ist zu bemerken, als sie über Trumps Beweggrund für das Verbot schreibt, dass Trump damit die Verbreitung des „foreign virus" verhindern will (vgl. ebd. 2020). Hier verwendet sie bewusst die von Trump benutzte Argumentationsstrategie, Covid-19 als fremde, ausländische Gefahr darzustellen, die die amerikanische Bevölkerung und vor allem die amerikanische Wirtschaft bedroht. Eine andere von Trump verwendete Bezeichnung für das Virus war „the Chinese virus", um damit bewusst die chinesische Regierung für die Krankheit verantwortlich zu machen. Dies greift Buchan zum Ende hin indirekt durch das Zitieren von Emily Thornberry auf, die Trump beschuldigt, mit dem EU-Einreiseverbot lediglich die Verantwortung für das Verbreiten der Krankheit von den USA abzuweisen und durch das Unterlassen hilfreicher Maßnahmen kontraproduktiv zu handeln (vgl. ebd. 2020). Die Leser:innen werden somit bewusst – durch das direkte Zitieren von Thornberry – und unbewusst – durch Buchans Beschreibung des „foreign virus" – in eine bestimmte Richtung in der Bewertung von Trump gelenkt. Der Artikel zeichnet sich durch eine unaufgeregte und nüchterne Situationsbeschreibung aus. Es wird weder bewusst noch unbewusst die britische

---

[2] Wörtliche Übersetzung vom Autor

Regierung oder die EU bewertet, jedoch lenkt Buchan die Leser:innenschaft in eine bestimmte Richtung bei Trump.

Hiermit sind nun die ersten Reaktionen aller Zeitungen ausführlich analysiert worden. Die Situation der Grenzschließungen oder Einreiseverbote wird zeitungsübergreifend oft als neuartig und chaotisch beschrieben. Insgesamt wird auf eine bewusste gesellschaftspolitische Bewertung der Maßnahmen verzichtet. Die Regierungen werden, wenn überhaupt, dezidiert für ihre bekannten Muster des unilateralen Handelns kritisiert („Der Standard" und „The Independent"). Anhand von weiteren Artikeln, die im März 2020 erschienen sind, werden die Muster der einzelnen Zeitungen im Folgenden vertieft. Dabei werden die gemeinsamen und unterschiedlichen Auffälligkeiten der Zeitungen herausgearbeitet.

‚Der Standard' hat keine weiteren für diesen Diskurs relevanten Artikel im März 2020 veröffentlicht und kann daher an dieser Stelle nicht berücksichtigt werden.

Die Argumentationsstrategie der ‚Bild' konnte im ersten Artikel als ‚Behauptungen als Faktenargument' identifiziert werden. Sie wird auch in den weiteren Artikeln verwendet. In einem ‚Bild'-Bericht von Peter Tiede und Robert Becker vom 15. März 2020 lässt sich das Argument deutlich erkennen. Hier berichten der Chefreporter für Politik (Tiede) und der ‚Bild'-Journalist (Becker) über die zu jenem Zeitpunkt in Deutschland und Österreich verhängten Grenzschließungen. Unter der Überschrift: „Höhepunkt der Entwicklung noch nicht erreicht" (Tiede/Becker 2020) beschreiben die zwei Journalisten die Grenzkontrollen als unumgänglichen Schutz für die Bevölkerung. Hierfür zitieren sie Seehofer, der die Krise als „eine Frage der nationalen Sicherheit" ansieht, weshalb „verschärfte Kontrollen und Zurückweisungen an Deutschlands Grenzen" gälten (ebd. 2020). Es lassen sich zwei Argumentationsstrategien erkennen, mit denen Tiede und Becker vorrangig arbeiten: ‚Schutz der Bevölkerung' und ‚Wir gegen die anderen'. Dazu verwenden die beiden Redakteure den Vergleichstopos, indem sie den damaligen österreichischen Kanzler Kurz zitieren, der die einschneidenden Maßnahmen damit begründet, dass „die Ausbreitung [...] verlangsamt werden [muss], denn in Italien ist das Gesundheitssystem fast zusammengebrochen" (ebd. 2020). Hierdurch werden harte Freiheitsbeschränkungen damit legitimiert, dass es fast zu einem dystopischen Zusammenbruch kritischer Infrastruktur (Gesundheitssystem) in einem anderen Land gekommen wäre. Die ‚Bild' übernimmt diesen Vergleichstopos, um zu erzählen, wie schlimm es woanders gewesen ist, dass aber die hiesigen Regierungen (Österreich, aber auch im weiteren Sinn Deutschland) alles unternehmen, um das zu verhindern. Die Argumentationsweise, harte und radikale Freiheitseinschränkungen für die eigene Bevölkerung anhand (fast) dystopischer Zustände in anderen Ländern zu legitimieren, kann als populistisch gewertet werden. Ein weiteres Beispiel ist die Verwendung des Topos ‚Schutz der Bevölkerung' innerhalb der Argumentationsstrategie ‚Wir gegen die anderen'. Hier legitimiert der damalige deutsche Gesundheitsminister Spahn die Grenzschließungen mit dem „Ausbruchs-Geschehen jenseits der Grenze". ‚Jenseits' bezieht sich auf Deutschlands Nachbarländer Österreich und Frankreich. Aufgrund dortiger Marktschließungen „sei damit zu rechnen, dass sich ab Montagmorgen sehr viele auf den Weg über die Grenze machen, um in Deutschland einzukaufen" (ebd. 2020). Dieser Topos hat sich zu einem eigenständigen Diskursfragment entwickelt, da unter anderem in einem Artikel der ‚Zeit' diese Behauptung aufgenommen und als ‚Bild'-Zitat wiedergegeben wurde. Auch wird im Beispiel der Konjunktiv verwendet, was dafür spricht, dass die Verfasser eine nicht verifizierte Behauptung als klaren Fakt darstellen. Beide Beispiele schaffen eine diffuse Angst vor dem Eindringen der Krankheit über die Grenze und legitimieren somit die Maßnahmen der Grenzschließungen, aber auch die weiteren innerstaatlichen Freiheitsbeschränkungen. Mit einem Tag Abstand haben ‚The Daily Express' (16. März 2020) und die ‚Bild' (17. März 2020) jeweils einen Artikel veröffentlicht. Sie behandeln darin die Grenzmaßnahmen der EU, die daraus folgenden Auswirkungen und Reaktionen in den Ländern sowie die Frage nach der Beteiligung Großbritanniens an den Maßnahmen. Die Gegenüberstellung der zwei Zeitungen zeigt, wie unterschiedlich ein Diskurs analysiert und interpretiert werden kann.

Barnes, der auch den ersten Artikel für den ‚Daily Express' geschrieben hat, greift den Schreibstil und die Argumentationsstrategie der chaotischen und sich im Zusammenbruch befindenden EU in diesem Artikel wieder auf. Die Überschrift „Schengen deal crumbles" und der Einleitungssatz, in dem der Schengen-Raum wieder als von der EU ‚hochgepriesen' bzw. ‚sehr geschätzt' beschrieben wird, vermitteln das Gefühl: „Dieses EU-Gebilde bricht in Krisensituationen zusammen" (vgl. Barnes 2020a). Es handelt sich um eine Argumentationsstrategie, die schon im vorherigen Artikel von Barnes Anwendung gefunden hat und mit dem ‚Chaostopos' wiederaufgenommen wird. Der Stil des Artikels ist von starker bildhafter Sprache geprägt, um die Argumente emotional aufzuladen: „Nearly 170 Million people have been ordered to remain home", „strict quarantine rules" oder „no fewer than nine EU countries have introduced drastic measures" (ebd. 2020a). Mit dieser bildhaften Sprache wird die Strategie verfolgt, die Maßnahmen nicht als richtig zu erachten. Stattdessen werden als Topos die chaotischen Zustände der EU angeführt. Barnes schreibt über die Maßnahmen in Spanien: „leaving many British tourists trapped in their hotel rooms" (ebd. 2020a). Der

Topos ‚gefangene Briten in spanischen Hotelzimmern' vermittelt ein negatives Gefühl bezüglich der getroffenen Maßnahmen. Da nicht nur britische Tourist:innen betroffen sind, impliziert Barnes indirekt ein solidarisches Mitgefühl ausschließlich für die eigenen Landsleute. Die ‚Bild' bewertet die Situation anders. Albert Link, Papst- bzw. Rom-Korrespondent, schreibt mit ähnlichem Stil und ähnlicher Argumentationsstrategie wie Barnes aus einer anderen Perspektive über die Maßnahmen. Mit der Überschrift „Merkel: Deutschland setzt Einreisestopp SOFORT um" markiert Link den Fokus auf Deutschland. Stilistisch wird mit der Großschreibung von ‚sofort' die deutsche Handlungsbereitschaft hervorgehoben. Bezüglich der inhaltlichen Relevanz wird im ersten Satz erklärt, dass hiermit die „historische Entscheidung der EU, die Außengrenzen zu schließen" gemeint ist (vgl. Link 2020). Anders als ‚The Daily Express' stellt die ‚Bild' im Kontext der Grenzmaßnahmen nicht den Topos vom Zusammenbruch des Schengen-Raums auf, sondern konzentriert sich vorrangig auf die Auswirkungen auf Deutschland. Im Artikel wird unter der Zwischenüberschrift „Keinerlei Anzeichen für Bargeld-Not" über ein Gerücht (‚die Krise könne zu einer Bargeld-Not führen'), welches schlussendlich entkräftet wird, denn laut Merkel sei die Verfügbarkeit von Bargeld gewährleistet (vgl. ebd. 2020). Eine Argumentationsstrategie der ‚Bild' ist es, ‚über ein Gerücht zu schreiben, um es erst überhaupt zu einem Gerücht zu machen'. Dieses Gerücht, mit dem finanzielle Notsituationen impliziert werden, hat die Funktion, die Krise emotional aufzuladen. Im nächsten Abschnitt beschäftigt sich Link mit den beschlossenen EU-Maßnahmen und Großbritannien. Mit der Zwischenüberschrift „Briten-Premier Johnson lässt Pubs und Schulen offen" vermittelt Link das Bild einer anders agierenden Regierung. Er bezeichnet den Kurs „bei der Bekämpfung der Pandemie" als „eigenwillig" (vgl. ebd. 2020). Daher habe die ‚brisante Frage' des Umgangs mit dem Vereinigten Königreich unter anderem in der zweiten EU-Corona-Videokonferenz besprochen werden müssen. Die ‚Bild' nutzt wie ‚The Daily Express' bildhafte Sprache, um bestimmte Emotionen zu wecken. Bemerkenswert ist, dass die jeweilige bildhafte Sprache zu einem ähnlich gelagerten Thema – ‚die EU-weiten Maßnahmen wie die Grenzschließungen der Außengrenzen' – zum Nachteil der jeweiligen anderen Zeitung verwendet wird. Die ‚Bild' spricht von „entsetzten Virusexperten auf beiden Seiten des Kanals", als ein britischer Regierungsberater „die Herdenimmunität als besten Umgang mit dem Virus empfohlen hatte", und Italiens Außenminister Luigi di Maio sorgte für Streit, da „einige Länder durch harte Maßnahmen das Feuer löschen, und anderswo [wird es] durch lasche Regeln wieder neu entfacht" (vgl. ebd. 2020). ‚The Daily Express' hingegen berichtet über die getroffenen Maßnahmen in einigen europäischen Ländern, zum Beispiel Spanien, das mit den Maßnahmen „britische Tourist:innen in Hotelzimmern einsperrt", Frankreich, wo Macron „mit der Gefahr flirtet, Kommunalwahlen weiterhin stattfinden zu lassen", Italien, das das am schlimmsten betroffene Land nach China ist, weshalb Ärzt:innen von einem „point of no return" sprechen, und Deutschland, „welches bekannt dafür ist, die Grenzen offen zu halten, und sich nun entschied, die Grenzen teilweise zu Nachbarstaaten zu schließen" (vgl. Barnes 2020a). Barnes setzt in jedem Beispiel auf eine bildhafte Sprache, die den darunter liegenden Vergleichstopos, die getroffenen Entscheidungen der jeweiligen Länder, negativ besetzt. Dies geschieht besonders bei der Beschreibung von Deutschland unterschwellig, da Barnes hier auf die Entscheidung Merkels anspielt, die Grenzen 2015/2016 wegen der großen Geflüchtetenbewegung nicht zu schließen. Mit dieser Spitze impliziert Barnes eine gewisse Hilflosigkeit und drückt auch Häme aus in Bezug darauf, dass in dieser Situation Deutschland nun die Grenzen schließt.

Die Argumentationsstrategie ‚die EU und Schengen versinken im Chaos' wird mit einem Zitat von Seehofer bestärkt: „As long as there's no European solution, you must act in the interest of your own population...those who don't act are guilty" (ebd. 2020a). Barnes unterstreicht damit die Erzählung, dass in Krisenzeiten die EU zerfällt und ‚jeder für sich' arbeitet. Die ‚Bild' folgt dieser Erzählung in ihrem Artikel nicht. Link weist jedoch darauf hin, dass die Staaten trotz „Treueschwüren und Solidaritätsadressen" eigenmächtig und unilateral bei Grenzschließungen sowie bei Einreiseverboten und -kontrollen handelten (vgl. Link 2020). Hier greift Link den Topos ‚unilaterales vor multilateralem Handeln' auf und bewertet die Reaktion und Handlung Ursula von der Leyens ähnlich wie der ‚Standard' und die ‚Zeit'. Link berichtet, dass von der Leyen „nach einem Fehlstart im Krisenmanagement" nun die gemeinsame Wirtschaft schützen wolle und eine gemeinsame Beschaffung von Masken, Anzügen, Tests und Beatmungsgeräten vorantreibe (vgl. ebd. 2020). Er greift das Thema der Solidarität im Diskurs der Grenzschließungen auf und analysiert kritisch die politisch motivierten Worthülsen von Solidarität und Zusammenarbeit, die im Widerspruch zu den unabgestimmten nationalen Alleingängen stehen (vgl. ebd. 2020). Beide Artikel ziehen jeweils andere Schlüsse aus den angekündigten Maßnahmen und bewerten auch die Perfomance der einzelnen Akteur:innen unterschiedlich. ‚The Daily Express' versucht, die EU zerrüttet darzustellen, während die ‚Bild' beabsichtigt, folgenden Eindruck zu vermitteln: ‚Wir (die EU) schaffen mit strengen Maßnahmen Ordnung während die anderen (Großbritannien) durch ihre laxen Maßnahmen eine potentielle Gefahr für ‚unsere' Ordnung darstellen.' Als letzter Teilaspekt ist die Bildanalyse vorzunehmen. Hierfür kann ausschließlich auf Material des ‚Daily Express' zurückgegriffen werden. Im Artikel von Barnes befinden sich insgesamt vier Bilder und eine Graphik. Die vier Bilder zeigen vier europäische Politiker:innen. Das erste Foto ist identisch mit dem Foto aus dem Artikel des Daily Express vom 12. März 2020. Es zeigt von der Leyen, die vor der rötlich eingefärbten Europakarte mit einem angespannten Gesichtsausdruck zu sehen ist. Im Untertitel wird beschrieben, dass der Schengen-Raum wegen der Lockdowns unter Druck gerät. Auf dem zweiten Bild ist Angela Merkel zu sehen, die vor einer blauen Wand sitzt, den Mund verzieht und dabei nachdenklich schaut. Das dritte Bild zeigt den spanischen Premierminister Pedro Sanchez, der vor einer Wand mit dem Logo der ‚European FamilyBusinesses'-Organisation sowie der spanischen und der europäischen Flagge steht und eine Rede hält. Als Letztes und Viertes ist der französische Präsident Emmanuel Macron auf einem Flugplatz stehend zu sehen. Hinter ihm sind in Formation stehende Militärformationen mit Gewehren in der Hand sowie der hintere Teil eines Flugzeugs zu erkennen. Die vier Bilder unterscheiden sich hinsichtlich der Darstellung von Mimik und Gestik. Von der Leyen und Merkel sind mit erkennbar angestrengt, nachdenklich und eher negativ wirkenden Gesichtsausdrücken zu sehen. Beide Politikerinnen wurden in einer Naheinstellung fotografiert, was sie passiv und intimer wirken lässt. Im Gegensatz hierzu wirken Sanchez und Macron, deren Arme ausgebreitet und deren Hände als Unterstützung des Gesagten zu erkennen sind, viel aktiver. Zudem sind sie aus einer totalen Perspektive fotografiert worden, was beide neutraler, distanziert und somit sachlicher als von der Leyen und Merkel erscheinen lässt. Die vier Bilder senden unterschiedliche Signale aus, doch ist ihre Interpretation nicht gänzlich kongruent mit der Botschaft des Artikels. Während die männlichen Politiker als aktive Macher dargestellt sind, wirken die weiblichen Politikerinnen passiv und überfordert. Im Text werden von der Leyen und Merkel weder direkt zitiert noch erwähnt, im Unterschied zu Sanchez und Macron, von denen direkte Zitate im Text wiederzufinden sind. Das fünfte Element stellt eine Graphik dar, auf der eine Europakarte zu erkennen ist, mit rot eingezeichneten Staaten, die mit Staatsnamen versehen sind, und grau eingefärbten Staaten ohne Angabe der Staatsnamen. Die Karte zeigt jene europäischen Länder, die vom Einreisebann der USA betroffen sind. Die Karte ist insofern irreführend, als einige EU- bzw. Schengen- Staaten grau eingefärbt sind, da sie nicht vom Bann betroffen sind, aber dadurch mit den europäischen Ländern gleichgesetzt werden, die weder Schengen- noch EU-Mitglied sind. Betroffen von dieser Gleichsetzung sind südosteuropäische Staaten. Die Karte versinnbildlicht die Konzentration des Diskurses auf West- und Mitteleuropa, wobei Südosteuropa ausgeblendet bzw. vermischt wird.

Der letzte für diesen Abschnitt relevante Artikel erschien am 16. März 2020 in der ‚Zeit'. Es handelt sich um einen Kommentar von Ulrich Ladurner, Redakteur für Politik mit Fokus auf Internationale Politik Afrika und Europa/Balkan. Ein Kommentar ist ein auf der persönlichen Meinung aufbauender Artikel von Journalist:innen. Es wird daher eine subjektivere Haltung angenommen als bei informierenden Artikelformaten. Dieser Umstand lässt sich an der Überschrift „Wo ist das Europa, das schützt?" erkennen. Ladurner bezieht im Artikel die Position, dass er die unilateralen und nationalen Alleingänge von europäischen Politiker:innen für falsch hält und eine europäische Antwort fordert, denn Letztere könne „viel effektiver sein als diese Kleinstaaterei" (Ladurner 2020a). Er sieht die Notwendigkeit für die rasche Unterbrechung der Infektionsketten, doch habe sich das Virus „europaweit ausgebreitet, deswegen müsste es europäische Antworten geben" (ebd. 2020a). Ähnlich wie Link von der ‚Bild' argumentiert Ladurner, dass viele Politiker:innen Europa als Worthülse verwendet haben, jedoch trotzdem auf nationalstaatliche Lösungen setzen (vgl. ebd. 2020a). Die zugrunde liegende Argumentationsstrategie ist dabei, dass der nationale Alleingang im Kampf gegen ein Virus fatal sowie einer supranational handelnden Institution wie der EU unwürdig und zudem peinlich ist. Ladurner argumentiert, dass die EU-Bürger:innen ein „starkes Europa" wollen, das „sich gegen seine Feinde wehren kann, die Feinde im Inneren wie im Äußeren" (vgl. ebd. 2020a). Er macht jedoch klar, dass mit den Grenzschließungen nicht Europa, sondern der Nationalstaat geschützt wird. Die Verliererin dieser Entwicklung ist laut Ladurner vor allem von der Leyen, die „verzweifelt um das eigentlich Selbstverständliche" bitten muss. Hier verwendet Ladurner die Kassandra-Strategie und sieht voraus, dass die Krise sich noch verschärfen wird, solange nationale Alleingänge statt europäischer Zusammenarbeit stattfinden: „Was heute in Italien gebraucht werde, das könne morgen in Deutschland benötigt werden [sic!]" (ebd. 2020a).

Die ersten Reaktionen auf die angekündigten Grenzschließungen sind in mehreren Hinsichten identisch. Es wird von der überforderten Exekutive gesprochen, darüber, wie (EU-)Bürger:innen durch die Maßnahmen chaotische Zustände erlebt haben. Die Grenzschließungen als ultimativer Ausdruck von nationalen Alleingängen sind für die meisten der hier analysierten Zeitungen keine Überraschung. Die Zeitungen bzw. ihre jeweiligen Journalist:innen gehen bei der Bewertung der Alleingänge unterschiedlich mit der Frage nach europäischer Zusammenarbeit und Solidarität um. Zwar muss dabei das verwendete Artikelformat (Kommentar, kurze oder längere informierende Formate) berücksichtigt werden, doch sollte auch die jeweilige Zeitungsart (Tages- bzw. Wochenzeitung und Boulevardzeitung) mitbetrachtet werden. Die Zeitungen lenken jeweils in unterschiedlicher Intensität die Leser:innen zu einer bestimmten Meinung oder politischen Position. Die ersten Reaktionen lassen sich als Versuch zusammenfassen, einen Überblick über die neuartige Situation von Grenzschließungen zu finden und diese einschätzen zu können. Mit fortschreitender Zeit des ersten Lockdowns und dem Fortbestehen der Grenzschließung ändert sich in einigen Fällen das Narrativ der Zeitungen. Dies wird im nächsten Abschnitt besprochen.

5.2 Im Verlauf der Grenzschließung

Die Monate während der Grenzschließungen stellten die Menschen und Gesellschaften vor Herausforderungen. Die mediale Berichterstattung als Katalysator gesellschaftspolitischer Entwicklungen nahm diese Stimmung auf. Es lässt sich eine Veränderung von der informativ-deskriptiven Berichterstattung über die Grenzschließung hin zu einer analytisch-normativen Berichterstattung erkennen. Der Zeitraum, in dem die in diesem Abschnitt analysierten Artikel veröffentlicht wurden, erstreckt sich vom 17. März bis 22. Mai 2020. Die einzelnen Zeitungen haben inunterschiedlicher Intensität die Grenzschließungen verfolgt.

In diesem Zeitraum haben der ‚Standard' und die ‚Zeit' jeweils einen längeren Analyseartikel über den Zustand von Europa und die Auswirkungen von Grenzschließungen publiziert. Die Artikel erschienen in einem Abstand von ungefähr eineinhalb Monaten (‚Zeit': 25. März 2020, ‚Standard': 7. Mai 2020), doch sind ihre Grundbotschaften identisch. Den Analyseartikel für die ‚Zeit' schrieb Ulrich Ladurner unter der Rubrik Politik. Fabian Sommavilla veröffentlichte seine Analyse im ‚Standard' unter der Rubrik Edition Zukunft. Ladurner bezieht sich in seiner Analyse vor allem auf die europäische Entwicklung, während Sommavilla Grenzschließungsmaßnahmen aus einem breiteren, internationaleren Blickwinkel analysiert. Dies ist erkennbar an den zwei Überschriften; Ladurner fragt: „Wo ist Europa?", während Sommavilla thesenartig feststellt: „Ohne Impfpass kein Grenzübertritt: Wie Corona Grenzen militarisiert". Die Analysen handeln im Diskursstrang der Grenzschließung von unterschiedlichen Themen, doch die daraus abgeleiteten Konklusionen und Bewertungen folgen der gemeinsamen Erkenntnis: ‚Anhaltende protektionistische Grenzmaßnahmen erzeugen mehr Probleme in einer global agierenden Welt.' Diese Feststellung lässt sich auch anhand der Zwischenüberschriften der zwei Artikel nachweisen: Sommavilla unterteilt seine Analyse in „Innere Sicherheit, außen die Gefahr", „Terror und Krankheiten" sowie „Drohende Entfremdung"; bei Ladurner lauten die Teilüberschriften „Bloß Aktionismus?", „Vertretbar und machbar" sowie „Beim Euro ging es ganz schnell". Die textüberspannende Argumentationsstrategie beider Artikel folgt der Strategie ‚Protektionismus schadet'. Ladurner und Sommavilla verwenden dabei unterschiedliche Substrategien und Topoi, um die Hauptstrategie zu begründen. Der Stil beider Artikel ist unaufgeregt und sachlich in den Beschreibungen. Dabei verwenden die Journalisten suggestiv gestellte Fragen, um Positionen sowie unterschiedliche Perspektiven zu verdeutlichen. Außerdem lassen sie ihre persönliche Meinung in den Text einfließen. Ladurner beschreibt in seiner Analyse, wie machtlos und abhängig die EU-Kommission in vielen Bereichen der Politikgestaltung ist, und fragt daher suggestiv und rhetorisch:

„Wo ist Europa? Was tut es für uns? Wie schützt es uns?" (Ladurner 2020b). Er beantwortet im weiteren Verlauf diese Fragen damit, dass die Kommission Programme und Aktionen beschließt, zum Beispiel RescEU. Auf diese Weise soll mit Geld von der Kommission dringend benötigtes Material wie Beatmungsgeräte gekauft und an die Länder nach Dringlichkeit verteilt werden (vgl. ebd. 2020b). Doch die Schwierigkeit ist laut Ladurner, dass „die Kommission [...] keinen Nationalstaat zur Mitarbeit zwingen kann. Sie kann dafür nur werben" (ebd. 2020b). Daher wird der Kommission im Zusammenhang mit solchen Programmen Aktionismus vorgeworfen (vgl. ebd. 2020b). Auch die Rolle von der Leyens ist laut Ladurner zwiegespalten. So beschreibt er sie als „Königin ohne Land, die Europa als überzeugte Europäerin verteidigt" (vgl. ebd. 2020b).

Er hebt dennoch ihre Taten hervor, denn sie „kleckerte nicht, sie klotzte", als sie ihr ‚corona response team' vorstellte, das aus den Zuständigkeiten Gesundheit, Mobilität, Grenzmanagement, Humanitäre Hilfe und Wirtschaft besteht (vgl. ebd. 2020b). Ladurner schlussfolgert daraus, dass von der Leyen „die Corona-Krise als europäische Aufgabe [verstand], die es notwendig machte, über verschiedene Ressorts hinweg eng zusammenzuarbeiten. Koordination war das Schlagwort" (ebd. 2020b). Diese Bewertung von der Leyens fällt unter den Topos der Gemeinsamkeit, durch den der gemeinsame Entscheidungs- und Handlungsspielraum der EU positiv hervorgehoben wird. Ladurner untermauert damit seine Argumentation für eine europäische Zusammenarbeit und die Abwertung der nationalen Alleingänge.

Ähnlich geht Sommavilla vor. Doch anders als Ladurner setzt er stark auf die Kassandra-Strategie. Schon im Einleitungssatz wird dies erkennbar: „Wenn Staaten die Barrieren nach Abflauen der Corona-Krise nicht rasch wieder abbauen, droht eine gefährliche Entfremdung" (Sommavilla 2020). Diese These benutzt Sommavilla als Erzählstrang für seine Analyse. Die Oberthemen, die zur Unterstützung dienen, sind die Militarisierung von Grenzen, der Freiheitsverlust für den Schutz vor Krankheiten und der Sicherheitsaspekt. Die Kassandra-Strategie untermauert Sommavilla mit einer bildhaften Sprache, durch die er Grenzschließungen mit einer zunehmenden Militarisierung assoziiert. Dazu nutzt er Wörter und Phrasen wie „weil die Grenzen dicht sind und der Schmuggel *(von Cannabis)* noch nicht Vor-Schengen-Niveau erreicht hat", „die aktuelle Militarisierung und Verfestigung längst in Vergessenheit geratener Grenzen haben aber auch weit drastischere Folgen" sowie „auch in Österreich patrouillieren Soldaten mit Sturmgewehren an der österreichisch-deutschen Grenze" (vgl. ebd. 2020). Für die Kassandra-Strategie greift Sommavilla auf zwei unterschiedlich gelagerte Desastertopoi zurück. Einer davon lässt sich als Warnung vor der Strategie der Differenz und des Schutzes der eigenen Bevölkerung bezeichnen. Sommavilla beschreibt, dass in politischer Kommunikation die Metapher „Staat als fragiler Körper, dessen Grenzen die schützende Haut bildet" verwendet wird (vgl. ebd. 2020). Ihm zufolge kann hieraus abgeleitet werden, dass „die Grenzen mit größtmöglichem Einsatz zu schützen [sind] – zur Not auch mit der Waffe und eben mit Zäunen und Mauern" (ebd. 2020). Sommavilla warnt, dass eine solche Metaphorik, die „innen die Gesundheit und Sicherheit und außen die Krankheit und Gefahr" biopolitisch verankert, auch heute noch und zukünftig die Rhetorik von Poltiker:innen – nicht nur von rechtsstehenden Parteien – beeinflusst bzw. beeinflussen wird (vgl. ebd. 2020).

Die Grenzschließungen bewerten beide in ihren Analysen als eine gesellschaftliche Herausforderung, die einerseits jegliche Koordination und Zusammenarbeit unterbindet (Ladurner) und andererseits durch metaphorische Bilder die Grenzsicherungsfrage biopolitisch legitimiert hat (Sommavilla). Sommavilla verwendet noch einen weiteren Topos für die Kassandra-Strategie: den technischen Gefahrentopos. Er führt an, dass durch die terroristischen Aktionen in den letzten 20 Jahren der Westen, vor allem Europa, seine Grenzen technisch hochgerüstet hat (vgl. ebd. 2020). Als Beispiel hierfür nennt Sommavilla die ‚smart border', an der „scheinbare Gefährder ausgesiebt [werden] und unbescholtene Bürger aus privilegierten Staaten und Waren" passieren dürfen (ebd. 2020). Vergleichbar mit der ‚Bild' und ‚The Daily Express' setzt er den Konjunktiv ein, wenn er Behauptungen und Thesen aufstellt, die er nicht umfänglich belegen kann. Den Abschnitt über die technischen Möglichkeiten als Gefahrenpotential beendet Sommavilla mit suggestiv und rhetorisch gestellten Fragen: „Wie viele Reisende stören sich noch an Nacktscannern, dem Ablegen von Fingerabdrücken oder einem Irisscan? Was machen da schon ein zusätzlicher Rachenabstrich und ein schneller Check auf Bluthochdruck aus?" (ebd. 2020).

Die beiden Artikel unterscheiden sich im indirekten Zukunftsausblick, der der Leser:innenschaft gegeben wird. Beide Verfasser betrachten die Entwicklungen der letzten Wochen bzw. Monate skeptisch. Sie sehen die nationalistischen Alleingänge überaus kritisch. Ladurner erwähnt zum Beispiel Deutschlands Ausführverbot von medizinischer Rüstung, Frankreichs Beschlagnahmung von Atemmasken und die hektische Grenzschließung von sieben EU-Staaten (vgl. Ladurner 2020b). Sommavilla merkt auch die Aussetzung der Reisefreiheit innerhalb der EU, die Einführung von Grenzkontrollen durch Notfallregeln und ein Wiederauftreten von nationalen Alleingängen und Denkmustern, die für Vergangenheit gehalten wurden, an (vgl. Sommavilla 2020).

Beide Artikel verwenden Bildmaterial zur graphischen Unterstützung ihrer Analysen. Bei Sommavilla ist dies direkt zu erkennen. Er hat dem Text zwei Graphiken hinzugefügt, die jeweils weltweite Reisebeschränkungen abbilden. Die erste Graphik thematisiert Reisebeschränkungen aufgrund verpflichtender HIV-Tests für Reisende aus bestimmten Ländern, die teilweise oder gänzlich in vier verschiedenen Abstufungen in mehr als 40 Ländern Einreisebeschränkungen oder -verbote haben. Mit der Graphik unterstreicht Sommavilla die Diskriminierung der Reisefreiheit, die auf biopolitischen, gesundheitlichen Argumenten beruht. Die zweite Graphik zeigt eine weitere Weltkarte, die Länder markiert, die ihre Grenzen wegen Covid-19 entweder komplett oder teilweise

für Nichtbürger:innen geschlossen haben. Die Karte demonstriert, dass eine große Mehrheit der Staaten Grenzmaßnahmen wiedereingeführt hat. Beide Graphiken stellen somit unterstützendes Bildmaterial für die textliche Argumentationsstrategie dar. Ladurner greift auf ein Bild zurück, das von der Leyen und Michel zusammen auf einer Bühne vor jeweils einem Rednerpult stehend zeigt. Hinter ihnen ist das europäische Sternensymbol zu sehen und auf der Hintergrundwand ist in kleiner Schrift in den verschiedenen europäischen Amtssprachen ‚Europäischer Rat' zu lesen. Das Bild ist in einer Totalen aufgenommen. Es sind die gesamten Körper der beiden Politiker:innen zu erkennen. Auf dem Bild schaut von der Leyen zu Michel, der gerade spricht. Das Bild demonstriert durch die Totale eine sachliche, neutrale Botschaft. Durch den Fokus nur auf die beiden Politiker:innen wird bildlich noch einmal hervorgehoben, dass die Hauptakteur:innen des Textes von der Leyen und Michel sind. Durch die Auswahl eines Fotos mit beiden zusammen wird auch Ladurners Botschaft europäischer Kooperation statt nationaler Alleingänge betont.

Als Schlussfolgerung plädieren beide Journalisten für die Abschaffung der Grenzkontrollen, sobald es die pandemische Lage zu lässt. Ladurner gibt eine optimistische Einschätzung, „dass auch die Nationalstaaten nach einer ersten Phase der Renationalisierung verstehen, dass sie kooperieren müssen, wenn sie diese Krise überwinden wollen" (Ladurner 2020b). Hier zeigt sich nochmals deutlich Ladurners Argumentationsstrategie, mit der er europäische Kooperation über nationale Alleingänge stellt. Sommavilla nimmt eine pessimistischere Haltung ein, indem er anführt, dass, sofern kein Grenzabbau und Entmilitarisierung folgt, dann „Freunde wieder zu Fremden, sie gar als Gefahr für das eigene Wohl und jenes des Staates wahrgenommen" werden könnten, und beendet seinen Artikel mit der dystopischen Vorstellung „eine[r] militarisierte[n] Arztpraxis an jedem Grenzübergang", was niemand wollen könne (Sommavilla 2020).

An der Stelle wird noch auf einen weiteren Artikel des ‚Standard' eingegangen. Der Artikel erschien am 7. Mai 2020 und wurde von Thomas Neuhold verfasst, der Leiter der Salzburger Redaktion ist. Neuhold schreibt über die angespannte Grenzsituation zwischen Bayern und Österreich. Die Überschrift lautet: „Unmut über Corona- Grenzsperren in Bayern und Österreich immer größer" (Neuhold 2020). Im Artikel greift Neuhold die Lage von Menschen in Grenzregionen auf und spricht darüber, wie diese Personen die Situation bewerten. Er schreibt, dass „Menschen wie einst die Schmuggler über die grüne Grenze wechseln" und dass Anwohner:innen äußern: „Wir leben plötzlich in einer Sackgasse" (ebd. 2020). Neuhold schreibt zwar in einem neutral-informativen Stil, doch durch den Einbezug der individuellen Sicht bekommt der Artikel eine normative Einfärbung. In einer bildhaften und emotionalen Sprache erzählt Neuhold von der „Gärung an der Grenze", von Politikern, die „Schluss mit Gitterzäunen und Schlagbäumen im Herzen Europas" fordern wie auch dem Standard zugespielten Berichten von der deutschen Bundespolizei, die 250 Euro von jeder Person verlangt, die „bei Wanderungen die Grenzbänder ignoriere" (vgl. ebd. 2020). Die Verwendung solcher bildhaften Phrasen steht in einem Bezug zu Neuholds Argumentationsstrategie, die emotionale Lage der Menschen in Grenzregionen publik zu machen. Der Stil ist infolgedessen emotionaler als üblich bei Informationsartikeln. So schreibt Neuhold: „Dramatisch wirkt sich das rigorose Grenzregime aus" (ebd. 2020). Er fasst mit dem Artikel die Situation der Menschen zusammen, die in Grenzregionen im Inneren des Schengen-Raum leben. Betroffene berichten über die absurden Erlebnisse und darüber, wie tief die Grenzschließungen in ihren Alltag eingreifen: „Das Gemeinsame wie der Arztbesuch diesseits und jenseits der Grenze sei plötzlich dahin" (ebd. 2020).

‚The Daily Express', im Vergleich zu den anderen hier bereits analysierten Zeitungen, blieb bei der Argumentationsstrategie ‚Wir vs. die anderen'. Dies wird in einem Artikel überaus deutlich, der am 22. Mai 2020 von Luke Hawker, einem Reporter des ‚Daily Express', veröffentlicht wurde. Darin verwendet Hawker vorrangig den Schuldtopos, um Angela Merkel für die Grenzmaßnahmen verantwortlich zu machen. Die Überschrift hierzu lautet: „EU divided: Juncker takes swipe at Merkel over border closures – Victim of Berlin!" (Hawker 2020). Hawker verteilt direkt in der Überschrift die Rollen des Opfers (Juncker) und des Täters (Berlin bzw. Merkel). Der Schreibstil ist emotional, dramatisierend und bildhaft. Hier wird ein Element besonders deutlich, das im gesamten Analysediskurs auch schon in zuvor besprochenen Artikeln dezidiert benutzt wurde – die Gleichsetzung von Regierungschef:innen mit den dazugehörigen Hauptstädten, wahlweise auch mit den Ländern. In diesem Fall wird Merkel mit Berlin gleichgesetzt. Dabei wird zuerst die betreffende Person persönlich benannt

(„takes swipe at Merkel") und im nächsten Schritt auf den Ort geschlossen, hier die Hauptstadt („Victim of Berlin"). Die Hauptstadt steht in diesem Fall sinnbildlich für den Amtssitz der hiesigen Regierung. Der Vorgang lässt sich fortführen, sodass eine Handlung, eine Situation bzw. ein Gefühl auf ein gesamtes Land verallgemeinert übertragen wird. Juncker, der von Hawker zitiert wird, wendet dieses Argumentationsprinzip an, wenn er davon spricht, dass wegen der Beschränkungen der Freizügigkeit „Europäer:innen zu Opfern" geworden seien (vgl. ebd. 2020). Die Strategie knüpft dabei an die vorherigen Artikel des ‚Daily Express' an, die EU mit negativen Attributen zu besetzen. So ist auch die Überschrift „EU divided" (gespaltene EU) zu verstehen. Juncker, ehemaliger EU-Kommissionspräsident, bezieht sich in seiner Kritik auf die deutschen Grenzschließungen zu Luxemburg im März 2020, die Merkel bis „mindestens 15. Juni beibehalten möchte" (vgl. ebd. 2020). Der restliche Text behandelt Merkels und Macrons Vorschlag, Schulden zur Stützung der EU- Wirtschaft aufzunehmen (vgl. ebd. 2020). Bemerkenswert ist, dass Hawker in diesem gesamten Abschnitt sachlich bleibt. Er verwendet keine Konjunktive, um Behauptungen als Fakten zu präsentieren, und auch keine anderen Argumentationsstrategien, die die EU als im Chaos versunkene Institution darstellen sollen. Vielmehr zitiert er Merkel, die die Notwendigkeit der Schulden damit betont: „We must act in a European way so that we get out of the crisis well and strengthened" (ebd. 2020). Dieses Zitat lässt sich eher dem Topos der EU als Gemeinschaft zuordnen, der für multilaterale Kooperation und Zusammenarbeit steht. Auffällig ist dennoch, dass im Text ausführlich das gemeinsame EU-Vorgehen beschrieben wird, aber Hawker von der Leyen als EU- Kommissionspräsidentin erst zum Schluss zu Wort kommen lässt (vgl. ebd. 2020).

Damit ‚The Independent' in die weitere Analyse einbezogen werden kann, werden in diesem Abschnitt zwei Artikel vom 16. und 17. März 2020 betrachtet, deren Schreibstil sachlich-informativ ausgerichtet ist. Es wird auf emotional aufgeladene Bildsprache verzichtet. Auch lässt sich feststellen, dass die Argumentationsstrategie beider Artikel der Informationsverbreitung dient. Damit unterscheidet sich ‚The Independent' weiterhin stark von ‚The Daily Express'. Im Artikel vom 16. März schreibt Rob Merrick, der stellvertretende politische Redakteur, über die EU-Maßnahme, alle nicht notwendigen ausländischen Einreisen auszusetzen. Merrick verwendet eine bildhafte Sprache bei der Beschreibung der Pandemie und der daraus folgenden politischen Maßnahmen: „the most dramatic crackdown", „announcing the radical steps" sowie „imposing draconian restrictions" (vgl. Merrick 2020). Die Maßnahmen der EU-Länder beschreibt er somit als ‚dramatisch', ‚radikal' oder ‚drakonisch', verzichtet jedoch darauf, diese explizit oder implizit zu bewerten. Vielmehr betrachtet er das Handeln des britischen Premierministers Boris Johnson skeptisch. So bemerkt Merrick, dass die britische

Regierung im Widerspruch zu anderen EU-Staaten steht, wenn es zur Verhängung von scharfen Einschränkungen kommt, und dass Johnson nicht bereit war, vergleichbare Maßnahmen zu beschließen (vgl. ebd. 2020). Hier lässt sich Kritik an Johnson erahnen, jedoch keine direkte Strategie von Merrick erkennen. Merrick zitiert von der Leyen, die klarstellt, dass „britische Bürger:innen europäische Bürger:innen sind" und daher „keine Einschränkungen für britische Bürger:innen gelten sollen" (vgl. ebd. 2020). Jon Stone, politischer Korrespondent, greift diese Thematik im Artikel vom 17. März 2020 auf und befasst sich mit der Einladung der EU, dass Großbritannien sich dem gemeinsamen EU-Einreiseverbot anschließen kann (vgl. Stone 2020b). Hier wird erneut von der Leyens Aussage „britische Bürger:innen sind europäische Bürger:innen" ausführlicher wiedergegeben und sie betont, dass die Maßnahmen nur bei Koordinierung auf europäischer Ebene effektiv sind (vgl. ebd. 2020b). Von der Leyens zugrunde liegende Argumentationsstrategie ist dabei die Hervorhebung des Willens zur Zusammenarbeit und des Zeichens der Solidarität, gepaart mit dem Topos der Gemeinsamkeit:

‚Großbritannien ist Teil von Europa'. Zwar übertragen Merrick und Stone diesen Topos nicht auf ihre eigene Argumentationsstrategie, doch dadurch, dass in zwei verschiedenen Artikeln von der Leyen damit zitiert wird, lässt sich eine indirekte Übernahme dieser Argumentationsstrategie erkennen. Stone beendet seinen Artikel mit einem Zitat von der Leyens, die erneut betont: „Our single market is a key instrument of European solidarity", und ausführt: „We confront this challenge together, as a Union" (vgl. ebd. 2020b). Merrick und Stone lassen die britische politische Stellungnahme einfließen. Merrick beschreibt den Sonderweg der britischen Regierung, keine harten Einschränkungen zu erlassen (vgl. Merrick 2020). In Stones Artikel wird der britische Sonderweg aus einem anderen Blickwinkel beleuchtet, indem britische Regierungspersonen direkt und indirekt zitiert werden, dass Großbritannien sich noch nicht entschieden hat, ob es sich dem Einreiseverbot anschließt. Es wird erneut betont: „We will make our own decisions on entry to the UK, notably on the basis of our scientific advice" (vgl. Stone 2020b). Es handelt sich hierbei um einen indirekten Hinweis auf den Brexit, für den mit der Strategie ‚Wir holen unsere Souveränität zurück' geworben wurde.

Beide Artikel fügen dem Diskurs der Grenzschließung die Themen der europäischen Zusammenarbeit, Kooperation und Solidarität aus einer britischen Perspektive hinzu. Hiermit lässt sich ein weiterer Unterschied zum ‚Daily Express' festhalten.

5.3 Ankündigung der Grenzöffnungen und danach

Die Grenzschließungen innerhalb des Schengen-Raums wurden am 15. Juni 2020 weitgehend gelockert. Die einzelnen Länder gingen dabei unterschiedlich schnell und auf verschiedene Weise vor. Zum Beispiel wurden die deutschen Grenzkontrollen zu Luxemburg schon am 2. Juni 2020 aufgehoben, während Polen die Grenzkontrollen zu Deutschland erst am 15. Juni 2020 abgeschafft hat. Die mediale Berichterstattung hat die Ankündigungen und die Reaktionen auf die Grenzöffnungen begleitet.

Am 3. Juni 2020 veröffentlichte die ‚Zeit' einen Artikel von Karin Finkenzeller, die als freie Autorin für die ‚Zeit' und die ‚WirtschaftsWoche' tätig ist, über eine deutsche Gemeinde, die durch die anhaltende Grenzschließung zunehmend vor wirtschaftlichen Herausforderungen steht. Finkenzeller schreibt im informativ-sachlichen Format über die lokale Situation der Menschen. Sie verfolgt dabei die Argumentationsstrategie, ‚durch die individuelle Situation auf größere Umstände aufmerksam zu machen'. Die Überschrift des Artikels lautet: „Perl stößt an seine Grenzen" (vgl. Finkenzeller 2020). Mit der Überschrift wird eine emotionale Tonalität der Betroffenheit hergestellt. Finkenzeller benutzt dezidiert eine bildhafte Sprache, die vordergründig die Lage der Grenzbewohner:innen verdeutlicht: „Wut und Enttäuschung" oder „fürchten den Zorn der Ausgeschlossenen" (vgl. ebd. 2020). Diese Wortwahl hebt die Ernsthaftigkeit der Lage für die Grenzregion hervor. Als Beispiel hierfür zitiert Finkenzeller einen Luxemburger: „Nie mehr werde er wieder ‚dahin', nach Deutschland, gehen. Dort habe man ja Politiker gewählt, die Grenzen dichtmachten" (ebd. 2020). Anhand dieses Zitats einer in Luxemburg wohnenden Person wird klar, dass nationalstaatliche Entscheidungen in der Grenzthematik auch Auswirkungen auf nichtstaatliche Akteur:innen haben. Es wird gezeigt, dass der gesellschaftliche Grenzdiskurs mit dem Thema Identität einhergeht. Durch dieses Zitat verschiebt Finkenzeller den Kontext der Grenzschließungen weg von einem innerstaatlichen und hin zu einem mehrstaatlichen – in diesem Fall europäischen – Diskurs. Anhand einer weiteren Stelle wird dies noch deutlicher. Finkenzeller verbindet Perl in mehrfacher Hinsicht mit Schengen: „Schengen, die Stadt auf der luxemburgischen Seite, die zum Inbegriff wurde für die Abschaffung der Grenzkontrollen innerhalb der EU, liegt jenseits der Weinberge. Nur 607 Meter Autobahnbrücke trennen die Orte" (ebd. 2020). Perl und Schengen stellen nicht nur zwei einander gewöhnlich naheliegende Grenzregionen dar, sondern durch die Benennung des Abkommens der EU-Freizügigkeit symbolisiert Schengen als Namensgeber dieses Abkommens eine der größten Errungenschaften europäischer Zusammenarbeit, die aufgrund von

Covid-19 für mehrere Monate fast gänzlich ausgesetzt wurde. Finkenzeller gibt Einblicke, wie verwurzelt und wirtschaftlich abhängig die drei Grenzregionen voneinander sind, welche Auswirkungen die Einschränkungen haben und wie emotional die Debatten über die Notwendigkeit von Grenzschließungen bzw. baldige Öffnungen geführt werden (vgl. ebd. 2020). Sie zitiert einen französischen Parlamentarier indirekt, der dem deutschen und dem französischen Innenminister vorwirft, sie „hätten an Europa ‚mit einer Kaskade unkoordinierter Maßnahmen' einen Schaden angerichtet, der in keinem Verhältnis zum angeblichen Nutzen stehe" (ebd. 2020). Hieran ist die Problematik des Dreiländerecks zu erkennen:

Zwar wurden die Grenzkontrollen zwischen Luxemburg und Deutschland mit als Erstes am 16. Mai 2020 aufgehoben, doch für Frankreich galt die Einreisebeschränkung nach Deutschland noch bis zum 15. Juni 2020 (vgl. ebd. 2020), denn „Shoppen ist kein triftiger Grund. Für Perl ist das ein Problem, aber auch für das gesamte Saarland" (ebd. 2020). Finkenzeller beschreibt in ihrem Artikel, wie die Maßnahmen Grenzregionen vor schwierige bis existenzbedrohende Situationen gestellt haben und weiterhin stellen. Auf implizierte Weise zeigt Finkenzeller auf, dass Grenzkontrollen und -schließungen nicht nur den Warenverkehr sowie die Wirtschaftlichkeit beeinträchtigen, sondern auch den zwischenmenschlichen Austausch und das Verständnis.

Für den ‚Standard' schrieb der Politikwissenschaftler Günther Pallaver am 2. Juni 2020 einen Gastkommentar über die Sonderrolle Südtirols in Bezug auf Österreich. Darin greift er die Thematik der besonderen Lage der Grenzregionen während der Grenzschließungen auf. Pallavers Artikelüberschrift lautet: „Grenzöffnung: Das Ende des Südtiroler Wunschkonzerts". Die Überschrift weist schon auf den Schreibstil des folgenden Texts hin. Pallaver benutzt in seiner analytischen Beschreibung eine bildhafte Sprache, um seine Argumentation zu unterstützen. Der Schreibstil ist dennoch analytisch-sachlich, doch der Unterton ist von einer subjektiven Meinung beeinflusst. Südtirol ist eine autonome, zum italienischen Staatenverband gehörende Region, die sich als Teil der österreichischen Region Tirol versteht. Eine überwiegende Mehrheit der dort lebenden Personen identifiziert sich als Tiroler:innen (Pallaver 2020). Pallaver beschreibt im Artikel, dass Südtirol sich von der österreichischen Regierung gekränkt fühle, da laut jener alles südlich des Brenners noch eine Gefahr darstelle (vgl. ebd. 2020). Pallavers Artikel zeigt ähnlich wie Finkenzellers die Besonderheit von Grenzregionen auf, die in einer anderen Weise von nationalstaatlichen Verordnungen wie Grenzschließungen betroffen sind. Südtirol als autonome Region, das sich weder als italienisch noch als österreichisch, sondern als Teil einer überstaatlichen Region Tirol sieht, verkompliziert die Thematik der staatlich gezogenen Grenzen. Pallaver weist darauf hin, wenn er von der Brennergrenze spricht, „die für etliche noch immer ein emotional stark aufgeladenes Symbol der Trennung ist" (ebd. 2020). ‚Grenze' wird hier als regionale Trennung von Tirol wahrgenommen und bezeichnet (vgl. ebd. 2020). Mit dem Artikel wird dem Diskurs der Grenzschließung die Thematik von Identitäten hinzugefügt und es wird darauf eingegangen, wie diese durch Schließungen an eine Belastungsgrenze geraten. Außerdem wird die fehlende europäische Zusammenarbeit angesprochen, die auch zur Situation der ‚Kränkung Südtirols' geführt hat. Pallaver weist darauf hin, dass der gesundheitliche Schutzaspekt nicht dem Minderheitenschutz untergeordnet ist und daher „das nationale Hemd des nationalen Interesses Österreichs in dieser Situation näher als der Südtiroler Rock" sitze (ebd. 2020). Mit dieser Metapher klärt Pallaver, dass Österreich in bestimmten Bereichen – gerechtfertigt oder nicht – nationalstaatlich handeln darf. Weiterhin verweist er darauf, dass Südtirol sich zwar als „europafreundliches Land par excellence präsentiert", doch zur EU-Politik von Kurz schweigt, der sich „eher durch nationale Rücksichtslosigkeit ausgezeichnet hat" (vgl. ebd. 2020). Pallaver verbindet in seiner Analyse Thematiken der Identitäten und zwischenstaatlicher Solidarität mit dem Diskurs der Grenzschließung. Hieraus kann geschlussfolgert werden, das die Grenzschließungen eines bewirken: Sie emotionalisieren.

Dies wird auch an zwei weiteren Artikeln deutlich. Die ‚Bild' und die ‚Zeit' schrieben beide am 13. Juni 2020 über die Grenzöffnungen an der deutsch-polnischen Grenze. Die ‚Bild' betitelt ihren Artikel wie folgt: „Grenzöffnung zu Polen wird zur Riesenparty", und die ‚Zeit' titelt: „Immer mehr Grenzen werden wieder geöffnet". Ähnliche Überschriften waren zu jenem Zeitpunkt häufig zu finden. Es wurde über die Öffnungen zahlreicher zuvor geschlossener Schengen-Grenzen berichtet. Die Artikel der ‚Bild' und der ‚Zeit' stehen hierbei exemplarisch auch für die anderen Artikel. Die Argumentationsstrategie beider Artikel ist die informative Vermittlung der grenzregionalen Sachlage. Wie zu Beginn im März 2020 die Informationsvermittlung der Ankündigung von Schließungen allen Zeitungen gemein war, so steht auch hier die Informationsebene der Grenzöffnungen im Vordergrund. Hinsichtlich des Schreibstils lassen sich Unterschiede erkennen. Die ‚Bild' setzt auf bildhafte und emotionale Sprache, spricht von „Riesen- Party" und schreibt: „Hunderte Person feierten Grenzöffnungen, was an den Mauerfall 1989 erinnert" (vgl. Bild 2020). Hier wird durch den Vergleich mit dem Mauerfall 1989 eine historische Verknüpfung der heutigen Situation geschaffen. Implizit setzt die ‚Bild' damit das Ende der Grenzkontrollen aufgrund der Covid-19-Pandemie mit dem Ende der Sowjetrepublik und der DDR gleich. Darüber hinaus wird durch die Verwendung von

„Mauerfall 1989" eine Assoziation mit einer jubelnden Bevölkerung, die sich aus einem Unrechtsstaat befreit, erzeugt. Es handelt sich um einen Vergleich in einer einmaligen historischen Dimension, der aus dem Grund deplatziert wirkt, dass die Entscheidung zu Grenzschließungen – unabhängig davon, ob sie gutgeheißen wurde – nicht von einem Unrechtsstaat getroffen wurde. Hingegen schreibt die ‚Zeit' über die Grenzöffnungen wesentlich sachlicher sowie neutraler und verwendet kaum emotionale Sprachbilder. Sie weist auf die fortgeführten Kontrollen an den polnischen EU-Außengrenzen hin und auf weiterbestehende Unklarheiten, wann und in welcher Intensität die EU-weite Mobilität nach und von Polen wiederaufgenommen wird (vgl. Zeit 2020b). Im Artikel der ‚Zeit' lässt sich die Regionalisierung der Einreisebeschränkungen erkennen. Es werden die neuen Maßnahmen der tschechischen Regierung erklärt, die eine „Einteilung in sichere grüne sowie mittel- und hochriskante gelbe und rote Staaten" vornimmt, die auch nur für regionale Gebiete in einzelnen Ländern gelten kann (vgl. ebd. 2020b). Ohne explizite Nennung verschiebt sich hiermit der Diskurs der Grenzschließungen von ‚alle Staaten sind gleichermaßen betroffen' zu einer ‚Spezifizierung von regionalen Beschränkungen', die anhand bestimmter Faktoren (zum Beispiel anhand der Inzidenzwerte) beschlossen werden.

Dies wird aus dem Artikel der ‚Bild' nicht ersichtlich. Dennoch berichtet die ‚Bild' von einer weiteren Grenzöffnung, die von zwei Nachbarstädten – Görlitz und Zgorzelec – zelebriert wurde, indem die Bürgermeister der beiden Städte um Mitternacht die Zaunketten durchschnitten (vgl. Bild 2020). Hier an der Stelle ein Einschub, dass in einem anderen Artikel der ‚Zeit' ein zu diesem ‚Bild-Bericht' dazugehöriges Bild, welches die beiden Bürgermeister beim Durchschneiden des Zauns zeigt, was von mehreren hundert Zuschauer:innen begleitet wurde (vgl. Zeit 2020b). Die ‚Bild' schreibt, dass danach „zahlreiche Menschen die Öffnung feierten" (vgl. Bild 2020). Der Görlitzer Bürgermeister wird zitiert, dass die Grenzschließungen sich anfühlten, „als wenn ein Teil von uns abgeschnitten ist" (vgl. ebd. 2020). Hieran lässt sich die Thematik der Identitätsproblematik von Grenzregionen aufzeigen, die auch jeweils in den Artikeln von Finkenzeller und Pallaver zu finden ist.

Auch in diesem Abschnitt soll die britische Berichterstattung Erwähnung finden. Aus dem ‚Independent' wird ein Artikel vom 8. Mai 2020 herangezogen, der somit früher veröffentlicht wurde als die restlichen untersuchten Berichte. Um eine Analyse für jede Zeitung vornehmen zu können, soll dieser Artikel hier dennoch betrachtet werden. Jon Stone, der schon für einen vorherigen Bericht zuständig war, schreibt darüber, dass die Außengrenzen der EU bis zum 15. Juni 2020 weiterhin geschlossen bleiben (vgl. Stone 2020a). Der relativ kurz gehaltene Informationsartikel bleibt in seinem Schreibstil sachlich-informativ. Die Ankündigungen werden weder explizit noch implizit von Stone bewertet. Vielmehr kommentiert Stone, dass es der EU-Kommission wichtig ist, ein koordiniertes Vorgehen zu präsentieren und weiterhin zu wahren. Er schreibt: „Many (hier: EU-Staaten) have also thrown up restrictions on crossing into other European countries, a policy that is looked on less favourably in Brussels" (ebd. 2020a). Zwar wird hier auf die unilateralen Handlungen der einzelnen EU-Staaten verwiesen, jedoch beurteilt Stone weder die EU-Mitgliedsstaaten noch die Brüsseler EU-Institutionen. Im Gegensatz zum ‚Daily Express', der versucht, die EU-Spitzen durch starke emotionale Bildsprache als ‚unzuverlässig' und ‚schwach' darzustellen, zeigt sich der ‚Independent' in seinen Bewertungen von politischen Akteur:innen viel zurücknehmender in Informationsartikeln. Auch die britische Perspektive in Bezug auf die weiteren EU- Maßnahmen erläutert Stone und er stellt erneut klar, dass sich für Großbritannien nichts ändert, da es in der Brexit-Phase weiter „wie ein EU-Staat behandelt wird" (vgl. ebd. 2020a). Er fügt dem Artikel ein Foto bei, das einen bulgarischen Grenzposten an der Grenze zur Türkei zeigt, was nicht der expliziten graphischen Unterstützung einer textlichen Argumentationsstrategie dient. Die Botschaft des Fotos ist es, den Leser:innen bildlich aufzuzeigen, dass der Text von den EU-Außengrenzen handelt.

Der ‚Daily Express' berichtete am 15. Juni 2020 wie folgt über die angekündigten Grenzöffnungen: „Europe reopens borders & welcomes back tourism – travel ban ruled no longer effective". Aimee Robinson, leitende Reporterin der Lifestyle-Redaktion, informiert über die europäischen Länder, die ihre Grenzen wieder für Tourist:innen geöffnet haben (vgl. Robinson 2020). Ihr Bericht fokussiert sich weniger auf die politische Erzählung und ist daher im Hinblick auf die Argumentationsstrategie und den Schreibstil weniger emotional aufgeladen als die Artikel ihrer Kollegen. Robinson vergleicht die EU-Maßnahmen mit denen der britischen Regierung, die sie für ihr Nichthandeln implizit kritisiert. So schreibt sie: „Despite this, the UK Foreign and Commonwealth Office (FCO) continues to maintain that Britons should not travel abroad" (ebd. 2020). Robinson berichtet weiter, dass Fluggesellschaften sich einen Schlagabtausch mit der Regierung über die 14-tägige Quarantänezeit liefern (vgl. ebd. 2020). Die metaphorisch-bildhafte Beschreibung, dass Wirtschaftsbetriebe sich mit der staatlichen Exekutive ‚prügeln', impliziert eine Unzufriedenheit in der britischen Bevölkerung.

Ein etwas später erschienener Artikel vom ‚Daily Express' dient als Abschluss der Analyse. Er wurde am 3. September 2020 von Aurora Bosotti veröffentlicht. Bosotti, digitale Reporterin beim ‚Daily Express', schreibt über den Zerfall der EU aufgrund der Mitgliedsstaaten. Die Überschrift lautet: „EU on brink as members threaten to dismantle key foundation of union amid COVID-19 crisis". Der Artikel befasst sich mit dem unilateralen Vorgehen der EU-Mitgliedsstaaten und damit, wie dadurch die EU am Abgrund steht („on brink"). Er ist für die Analyse deshalb relevant, da hier der Diskurs von unilateralen Grenzschließungen als Aufhänger zum wiederholten Male benutzt wird, um damit die EU als Akteurin zu diffamieren. Bosotti setzt auf eine bildhafte Sprache, wenn sie von „threat" spricht und ihre Argumentationsstrategie mit Zitaten belegt, die von ‚Infragestellung, was es bedeutet, EU-Bürger:in zu sein' handeln (vgl. Bosotti 2020).

Die berechtigte Kritik am unilateralen Vorgehen einzelner Staaten wird überlagert von einem Desastertopos, der mit einer Bildsprache den Untergang der EU prognostiziert, der in diesem Ausmaß so nicht stattfindet. Die Überschrift führt mit Absicht stark in die Irre, denn im Text ist größtenteils von den Zweifeln und Bedenken hinsichtlich der fehlenden EU-Koordination bei Testungen und Quarantäneverordnungen die Rede (vgl. ebd. 2020). Außerdem spricht Bosotti mit Expert:innen darüber, wie bestimmte Maßnahmen in Mitgliedsländern zur Diskriminierung von EU-Bürger:innen führen, was gegen geltendes EU-Recht verstößt (vgl. ebd. 2020). Diese bedeutsamen Themen werden in dieser Tragweite weder in der Überschrift noch im Einleitungsabschnitt benannt und Bosotti suggeriert eine Katastrophensituation, die nicht stattfindet. Der Artikel endet bemerkenswerterweise mit einem pro-europäischen Zitat. Bosotti zitiert eine niederländische EU-Parlamentsabgeordnete, die vor allem die nationalstaatlichen Alleingänge des ungarischen Ministerpräsidenten Victor Orban kritisiert: „Maybe the border closure is just another provocation of the EU. Maybe Mr Orban should consider if he wants to be a member of the EU. If you are a member of a team, you play by the rules" (ebd. 2020). Dieses Zitat zeigt, dass das anhaltende unilaterale Vorgehen von EU- Mitgliedsstaaten stark kritisiert und als Affront gegen die europäische Zusammenarbeit gewertet wird. Der Topos der EU als Gemeinschaft lässt sich hiermit belegen, doch ist dies nicht stimmig mit der Argumentationsstrategie von Bosotti, die EU als vor dem Abgrund stehende Organisation zu diffamieren. Als ein Schlusspunkt setzend zeigt dieses Beispiel, dass in der medialen Berichterstattung die Argumentationsstrategien in den Diskursen sich widersprechen können. Hierdurch wird ersichtlich, dass Zeitungen – als Form medialer Berichterstattung – den öffentlichen Diskurs in ihrer vollen Authentizität wiedergeben samt der Widersprüche, Ungereimtheiten und nicht belegbaren Aussagen.

Im nächsten Kapitel wird ausführlicher die hier angerissen Interpretation der Diskursanalyse fortgesetzt, welche die wichtigsten Erkenntnisse zusammenträgt, um zu einer Beantwortung der Forschungsfrage zu gelangen.

6. Diskussion

Die Grenzschließungen waren dauerhaft in den Medien präsent. Jedoch änderte sich der Fokus der Berichterstattung im zeitlichen Verlauf. Die Themen im ersten Drittel des betrachteten Zeitraums (Abschnitt 5.1) bezogen sich vorrangig auf Sicherheit, Kontrolle(n), Ökonomie und Chaos. Die Artikel handelten von den gesellschaftlichen Auswirkungen auf die Wirtschaft, vom Sicherheitsaspekt, vor Covid-19 geschützt zu sein, sowie von den staatlichen Grenzkontrollen und dem möglicherweise entstehenden Chaos für den wirtschaftlichen und freien Warenverkehr.

Die Themensetzung änderte sich zunehmend, wie es im zweiten Drittel (Abschnitt 5.2) zu erkennen ist, in dem sich die Zeitungen mit Themen wie Zusammenhalt, Identität, Zukunft der EU und Perspektive der Menschen beschäftigten. Hier lässt sich schon erkennen, dass die mediale Berichterstattung über die Grenzschließungen eine Themenverschiebung erfährt: von einer staatlichen hin zu einer zwischenmenschlichen Perspektive. In zahlreichen Artikeln wurden Fragen nach der zukünftigen Entwicklung der Gesellschaften und nach der künftigen Rolle der EU gestellt.

Im letzten Drittel (Abschnitt 5.3) änderte sich die Thematik nicht mehr grundsätzlich gegenüber Abschnitt 5.2, sondern sie verstetigte sich und umfasste die Folgen für die Wirtschaft, Identitätsfragen, die Perspektive der Menschen und regionale Solidarität.

Anhand der Einordnung der Themensetzung lassen sich bereits Tendenzen des Diskurses der Grenzschließung erkennen. Während es in den ersten Artikeln um nationalstaatliche Themen geht, behandeln die weiteren Artikel Themen gesellschaftlichen Zusammenlebens. Auf Basis der Themensetzung lässt sich feststellen, dass mit anhaltenden Schließungen und Kontrollen die Berichterstattung emotionaler wurde und näher an die Alltagsperspektive der Menschen rückte.

Für eine übersichtlichere Darstellung werden die zentralen Erkenntnisse und Befunde in drei thematische Einheiten gegliedert, die anhand der folgenden Analysefragen diskutiert und vorgestellt werden. Sie dienen als thematische Rahmensetzung, um im Fazit eine abschließende Beantwortung der übergeordneten Forschungsfrage vornehmen zukönnen.

Mit welchen Eigenschaften und Ereignissen werden die Grenzschließungen durch die Zeitungen in Beziehung gesetzt? Werden die Grenzschließungen als unilaterales Vorgehen oder als nationale Sicherheitsmaßnahme dargestellt?

Die Darstellung der Grenzschließung ist stark vom Gesellschaftsbild der einzelnen Zeitungen abhängig. Diese lassen sich anhand ihrer politischen Ausrichtung einordnen. Die ‚Zeit', der ‚Standard' und ‚The Independent' stehen mit ihrer linksliberalen Ausrichtung für eine offene Gesellschaft, die sich Globalisierungstendenzen nicht verschließt. Die ‚Bild' und ‚The Daily Express' haben eine konservative bis rechtskonservative Ausrichtung, was sich in der Bevorzugung eines souveränen Nationalstaats mit stark ausgeprägten Grenzen zeigt. Diese Einordnung lässt sich auch in den untersuchten Artikeln wiederfinden. Der ‚Standard' steht von den betrachteten Zeitungen den Grenzschließungen am skeptischsten gegenüber. In den meisten Artikeln verwenden die Journalisten eine militärische Bildsprache bei der Beschreibung der Grenzkontrollmaßnahmen: „marschieren", „patrouillieren" oder „militarisierte Arztpraxen". Die Kassandra-Strategie, eine Argumentationsstrategie, mit der vor zukünftigen dystopischen Zuständen gewarnt wird, wird in Verbindung mit dem Desastertopos vom ‚Standard' überwiegend angewendet. Der ‚Standard' nutzt diese Strategie im Diskurs der Grenzschließungen, um vor anhaltenden Grenzkontrollen zu warnen. Es wird vor der Digitalisierung und Technisierung in Form der ‚smart borders' gewarnt sowie vor einer Erweiterung von biopolitischen Maßnahmen im Kontext von Grenzkontrollmaßnahmen. Grenzschließungen sind für den ‚Standard' Ausdruck einer dystopischen Welt, die abschottet und ausgrenzt. Hier lässt sich feststellen, dass sich die Zeitungen zwar in ihrer politischen Ausrichtung und Argumentationsweise unterscheiden mögen, doch dass sich in allen Zeitungen bestimmte Argumentationsstrategien wiederfinden lassen, die dazu dienen, auf bildhafte Art Meinungen und die Weltanschauung zu verdeutlichen. Der ‚Standard' und die ‚Zeit' stellen jeweils die Grenzschließungen als eine gesellschaftliche Herausforderung dar, die europäische Koordination und multilaterale Zusammenarbeit verhindert.

Die ‚Bild' und ‚The Daily Express' hingegen betrachten die Grenzschließungen weniger als Herausforderung für die Multilateralität. Alle vier Zeitungen eint, dass sie bestimmte Strategien für denselben Diskurs, aber zur Unterstützung ihrer jeweiligen Weltanschauung verwenden.

Die ‚Bild' zeigt sich in diesem Bereich ambivalent. Es werden in einigen Artikeln zwar Grenzschließungen als Ausdruck fehlender Kooperation benannt, doch nutzt die ‚Bild' zugleich einen nationalen Vergleichstopos, der für unterschiedliche Strategien eingesetzt wird. Es wird vor dem ‚Ausbruchsgeschehen jenseits der Grenze und unzähligen Ausländern, die in Deutschland einkaufen gehen wollen', gewarnt. Das Gesundheitssystem anderer Länder bricht, laut ‚Bild', fast zusammen, ‚doch bewahren wir hier in Deutschland durch Grenzschließungen und -kontrollen die gesellschaftliche Ordnung'. Jedoch betont auch die ‚Bild', dass die unilateralen Handlungen wie die Grenzschließungen einen Ausdruck fehlender europäischer Zusammenarbeit darstellen und der EU wirtschaftlich schaden. Insgesamt setzt die ‚Bild' im Grenzschließungsdiskurs auf unterschiedliche Strategien, die sich auch zum Teil widersprechen. Als Beispiel hierzu der Artikel von Peter Tiede und Robert Becker vom 15. März 2020, welcher mit dem Topos der ‚Gefahr' offen arbeitet und die direkt angrenzenden Nachbarstaaten Frankreich und Österreich als ‚Ausland' und ihre Bewohner:innen als ‚Ausländer' betitelt, während die Artikel vom 12. Mai 2020 und vom 13. Juni 2020 die Grenzöffnungen als ‚Befreiungsschlag' für die Menschen in den Grenzregionen bezeichnen und sogar darüber hinaus eine bewusste bildliche Gleichsetzung mit dem Fall des DDR-Unrechtsstaates implizieren.

‚The Daily Express' betrachtet die Grenzschließungen am wenigsten kritisch. Es zeigt sich eine starke Konzentration im Diskurs der Grenzschließungen auf die Verbindung zu Trumps Einreisebann. ‚The Daily Express' und ‚The Independent' greifen diese Thematik auf, die für die anderen Zeitungen eine eher untergeordnete Rolle spielt. Jedoch unterscheiden sich ‚The Daily Express' und ‚The Independent' in der Hinsicht, dass die Grenzschließungen und Trumps Einreisebann für den ‚Daily Express' als Argumentationsstrategie zur Diffamierung der EU dienen, während der ‚Independent' sie als getrennt zu betrachtende Ereignisse einordnet.

Letztlich unterscheidet sich die mediale Berichterstattung nur akzentuiert in der Bewertung der Grenzschließungen. Der ‚Standard' und ‚The Daily Express' sind dabei die sich am stärksten positionierenden Zeitungen. Der ‚Standard' bezeichnet die Grenzschließungen deutlich als unilaterales Vorgehen, das den europäischen Gesellschaften schadet. ‚The Daily Express' sieht die Grenzschließungen sowohl als unilaterale Maßnahme als auch als nationale Sicherheitsmaßnahme, die im positiven Sinne der EU schadet.

Eine weitere relevante Erkenntnis ist, dass durch die britische Berichterstattung in der Debatte um die Schengen-Grenzschließungen die Grenzsituation zwischen dem EU- Mitgliedsstaat Republik Irland und dem zu Großbritannien zählenden Nordirland nicht weiterverfolgt wurde. Dabei stellt jene Grenze seit dem Brexit wieder eine der kompliziertesten Grenzregionen der EU dar. Entgegen den Erwartungen hat sich dies jedoch nicht zu einem eigenständigen Diskursstrang entwickelt.

Wie werden die EU-Institutionen bzw. staatliche Akteur:innen in der Frage der Grenzschließung bewertet? Werden sie überhaupt adressiert?

Die einzelnen Akteur:innen, die für die Grenzmaßnahmen von Bedeutung sind, lassen sich als die nationalen Regierungen der EU- bzw. Schengen-Länder sowie die EU- Institutionen ausmachen. In ihrer Rolle als EU-Kommissionspräsidentin unterliegt Ursula von der Leyen einer erhöhten medialen Beobachtung. Ihr Handeln wird in Zeitungen daher oft auf die EU und ihre dazugehörigen Institutionen sowie die allgemeine Verfasstheit übertragen.

Die Bewertung der Arbeitsweise und der Rolle von der Leyens lässt sich als ambivalent beschreiben. In der ‚Zeit' bezeichnet zum Beispiel Ladurner von der Leyen anfangs als „Königin ohne Land" (Ladurner 2020a). Hier wird sie als „Vorreiterin und Visionärin gelebter europäischer Solidarität, die jedoch nur begrenzte politische und rechtliche Befugnisse und Kompetenzen besitzt", betitelt. In dieser Rolle gefangen, bleibt sie daher auch in den anderen Zeitungen über den gesamten Zeitraum ambivalent. ‚The Independent' betont mehrmals ihre Erwähnung, dass ‚britische Bürger:innen europäische Bürger:innen' seien und es eine ‚gemeinsame europäische Antwort braucht'. Jedoch bleibt auch die Zuschreibung von ‚The Daily Express' in Erinnerung, mit der die EU als zusammenbrechende Organisation dargestellt wird. Die Zeitung verwendet konsequent eine graphische Darstellung von der Leyens und Michels, mit der sie als handlungsschwache und krisenbehaftete Akteur:innen präsentiert werden. Auf der anderen Seite wird von der Leyen – bewusst und unbewusst – als ‚Brückenbauerin' bezeichnet, da sie in ihren Sätzen und Reden eine inkludierende Argumentationsstrategie verfolgt, indem sie von ‚wir' und ‚unser' spricht und damit alle Bürger:innen im Einzelnen meint sowie die EU und in einigen Fällen Europa als schützende Institution darstellt. Ihre Strategie ist die Erzählung von einer Gemeinschaft und der Inklusion, um deutlich zu machen, dass ‚alle im selben Boot sitzen'.

Nationale Regierungen werden beim ‚Daily Express' im Unterschied zur EU als solidarisch-europäisch handelnde Akteur:innen dargestellt. Dabei handelt es sich um einen Versuch, im Grenzdiskurs die Debatte zu beeinflussen, welche Akteur:innen als kompetent und handlungsaktiv sowie welche als unfähig und chaotisch gesehen werden.

Die ‚Bild' setzt einen ähnlichen Argumentationsschwerpunkt wie ‚The Daily Express'. Andere staatliche Akteur:innen werden bei der ‚Bild' meist durch eine Diffamierungsstrategie abgewertet. Zum Beispiel setzt die ‚Bild' in einem ihrer Artikel bei der Beschreibung anderer staatlicher Akteur:innen den Schwerpunkt auf die ‚Fehler' und die Zuschreibung von Gefahr. Bei der ‚Bild' wird mit der Taktik von ‚othering' und der Strategie ‚Andere sind Gefahr' vehement argumentiert, ohne Belege anzuführen.

Wie wird Solidarität im Diskurs der Grenzschließung wahrgenommen?
Solidarität findet sich nicht wie erwartet vordergründig thematisch im Grenzdiskurs. In der Diskursanalyse hat sich herausgestellt, dass die mediale Berichterstattung Solidarität vielmehr indirekt aufgreift. Ein thematischer Bezug, der von allen Zeitungen hergestellt wurde, betrifft die unilateralen Grenzschließungen der Länder und die damit einhergehenden fehlenden Solidaritätsbekundungen untereinander.

Die ‚Bild' und der ‚Daily Express' beschränken ihr Verständnis von Solidarität auf das nationale Volk. Dies ist beim ‚Daily Express' offenkundig, wenn ausschließlich von den „eingesperrten Brit:innen in spanischen Hotelzimmern" gesprochen wird. Die Solidarität beschränkt sich auf das Mitgefühl mit der eigenen Bevölkerung, die wegen der Restriktionen und unilateralen Handlungen der anderen Länder chaotische und untragbare Situationen erleben. Bei der ‚Bild' wird ‚Solidarität' auch primär im Kontext nationaler Identität verstanden, doch wird mit einzelnen Strategien und Topoi ‚Solidarität' erweitert, wenn sie zum Beispiel als Vergleichstopos zur Strategie ‚Wir vs. die anderen' dient. Im Unterschied zum ‚Daily Express' befindet sich die ‚Bild' in einem ambivalenteren Verhältnis zu den unilateral getroffenen Grenzschließungen. Der ‚Daily Express' sieht sich bestätigt, dass transsolidarisches Miteinander möglich ist, doch direkt von den Nationalstaaten ausgehen muss und dafür keine zwischenstaatliche Institution wie die EU benötigt wird. Diese Strategie kann der ‚Daily Express' bedienen, da sich Großbritannien zu jenem Zeitpunkt durch den Brexit im Abnabelungsprozess befunden hat. Die ‚Bild' steht der EU als Institution in vielen Bereichen kritisch gegenüber, doch in wirtschaftlicher Hinsicht lassen sich die unilateralen Grenzschließungen besser als Feindbild der unsolidarisch handelnden nationalen Regierungen vermitteln.
Die ‚Zeit' und der ‚Standard' kritisieren unter anderem am stärksten die fehlende staatliche EU-Solidarität. In vielen Artikeln sprechen die Autor:innen auch von ‚europäischer Zusammenarbeit' oder Ähnlichem. Der Kritik an den staatlichen Akteur:innen stellen sie die Perspektiven und Handlungen kommunaler oder auch individueller Akteur:innen gegenüber, die in Grenzregionen der Schengen-Staaten wohnen und sich durch regionale bzw. kommunale Zusammenarbeit solidarisch miteinander zeigen. Die ‚Zeit' und der ‚Standard' arbeiten mit der Strategie, europäische Koordination über nationale Alleingänge zu stellen, und zeigen somit bewusst solidarische Aktionen auf niedrigschwelliger Ebene auf, um das Missverhältnis zur staatlichen Ebene zu verdeutlichen.

Insgesamt lässt sich feststellen, dass das Thema der Solidarität im Grenzdiskurs kein vordergründiges war, sondern vielmehr durch indirekte Aussagen, Umschreibungen und Anspielungen in den Diskurs aufgenommen wurde. Zu Beginn wurde davon ausgegangen, dass Solidarität in der Berichterstattung eine direktere Rolle spielt. Diese Erwartung wurde jedoch durch die KDA widerlegt. Der Fokus in der Berichterstattung lag auf der kritischen Betrachtung des Fehlens zwischenstaatlicher Solidarität und des Unvermögens der staatlichen Akteur:innen, auf eine globale Krise mit unilateralen Handlungen zu reagieren. Weiter wurden die schwache Rolle der EU-Spitzen und deren Versuche, abgestimmte Lösungen und gemeinsame Handlungen einzufordern, von den Zeitungen angemahnt, doch auch hier wurde keine Alternative der europäischen Solidarität präsentiert. Die Zeitungen hätten in ihrer Kritik zugleich Vorschläge einer solidarisch alternativen Vorgehensweise vorweisen formulieren können. In der genauen Betrachtung ist dies geschehen in ihren Beschreibungen der regionalen Auswirkungen in den Grenzregionen. Solidarisches Handeln findet sich in der Berichterstattung nur in den Beschreibungen der regionalen und individuellen Handlungen in den Grenzregionen. Hier zeigt sich die Wirkung von transnationaler Solidarität, die den Alltag der Menschen direkt beeinflusst, aber durch ihre geographisch und politisch periphere Lage nicht in ihrem gesamten Ausmaß in überregional erscheinenden Zeitungen widergespiegelt wird. Im Schengen-Grenzdiskurs zeigt sich EU-Solidarität vorrangig auf einer regionalen bzw. kommunalen sowie individuellen Ebene.

Eine der zentralen Erkenntnisse ist es, dass die Grenzschließungen direkte Auswirkungen auf das Identitätsverständnis von Individuen und Regionen hatten. Dies war nicht im beobachteten Ausmaß zu erwarten. In Pallavers Bericht wird die Emotionalisierung von Grenzen deutlich, während bei Finkenzeller die politische Ebene von Identität aus dem Artikel ersichtlich wird. Die Grenzschließungen erzeugten für Menschen in Grenzregionen eine Identitätsproblematik, die sich in jedem alltäglichen Bereich bemerkbar machte. Das solidarische Handeln war in Grenzregionen ausgeprägter als in den übrigen Regionen. Die Rolle von Identität und Zugehörigkeit lässt daher darauf zurückschließen, dass Grenzen tatsächlich Identitäten widerspiegeln und bilden. Die Grenzschließungen stellten eine Ultima-ratio-Handlung für Grenzbewohner:innen dar, die zu heftiger Verunsicherung, aber auch zu solidarischer Hilfestellung und dem Festhalten an Zusammenarbeit geführt hat.

Es muss jedoch bei der hier geführten Diskussion berücksichtigt werden, dass sich die vorliegende Studie lediglich mit jeweils zwei Zeitungen der drei ausgewählten Länder Deutschland, Österreich und Großbritannien befasste. Im Fall von Österreich fand die Analyse ohne die Kategorie der Boulevard-Zeitung statt. Eine Empfehlung für weitere Forschung ist es daher, in die KDA weitere Zeitungen der hier ausgewählten Länder, aber auch weiterer Länder einzubeziehen, um eine größere Perspektivenvielfalt in den Ergebnissen zu erhalten. Die hier durchgeführte Forschung ist von westeuropäischen Ländern geprägt. Als weitergehende Forschung ist es anzuraten, eine Diskursanalyse mit süd- und osteuropäischer medialer Berichterstattung durchzuführen, um zu bestimmen, ob sich die Grenzdebatte verschiebt und ob ähnliche oder unterschiedliche Ergebnisse erhalten werden. Einen wesentlichen Impuls setzt Rebekka Kanesu, die die Notwendigkeit einer Infragestellung heutiger Grenzverhältnisse und die Wichtigkeit der Diskussion neuer Grenzraumfragen verdeutlicht, was als Anregung zum Abschluss des analytischen Teils dieser Arbeit dienen soll:

> The corona virus helps us to practice border thinking as it exposes the unviability of a system that is based on inequalities, exploitation and differential inclusion that harm the many and privilege the few. Can we imagine other border relations; is another border, another world, "another possible" possible (Escobar, 2020, p. ix)? Moreover, how would the "pluriversal politics" (ebd.) look like were we to imagine not only clever ideas but also transformative actions? (Kanesu 2020: 83)

7. Fazit und Ausblick

In dem vorliegenden Buch wurde der Frage nachgegangen: Was bedeutet ‚EU- Solidarität' im Kontext von Schengen-Binnengrenzen und wie zeigt sich dieser Wert im Umgang mit der Covid-19-Pandemie? Für die Beantwortung wurde eine KDA nach Ruth Wodak anhand dreier europäischer Länder und dazugehöriger Zeitungen durchgeführt.

Aus den Ergebnissen lässt sich schließen, dass nicht von einer allgemeingültigen EU- Solidarität in Bezug auf den Grenzdiskurs gesprochen werden kann. Es konnte herausgefunden werden, dass auf staatlicher Ebene die EU-Solidarität in Bezug auf die Grenzschließungen nicht vorhanden war, aber ihr Fehlen in dem medialen Grenzdiskurs besonders beleuchtet wurde. Es zeigte sich, dass der überwiegende Teil der Zeitungen die nationalen Regierungen für ihr fehlendes solidarisches Handeln stark kritisierte, während über die Rolle der EU und von der Leyens ambivalent berichtet wurde. Die regionale und die individuelle Solidarität in den Schengen-Grenzräumen wurden weniger beachtet. Die Grenzräume zeichnen sich laut den Zeitungen durch eine hohe Bereitschaft zur Solidarität aus, die vorrangig von Kommunalpolitiker:innen oder einzelnen Individuen getragen wurde. Gelebte Solidarität innerhalb der EU findet sich nicht auf staatlicher Ebene, jedoch auf kommunaler und regionaler Ebene durch engagierte Lokalpolitiker:innen, bei grenzüberschreitenden Initiativen und Organisationen sowie bei den einzelnen Bürger:innen und Grenzbewohner:innen.

Eine weitere unerwartete Erkenntnis ist es, dass nicht ausschließlich Boulevardzeitungen von einem Desastertopos als Argumentationsstrategie Gebrauch machen, sondern auch Leitmedien wie der ‚Standard'. Die ‚Bild' als Beispiel für eine Boulevardzeitung setzte den Desastertopos ein, um einerseits die Grenzschließungen zu legitimieren und andererseits gleichzeitig damit ‚Außen' als Gefahr darzustellen. Der ‚Standard' als Leitmedium setzte die Strategie des Desastertopos häufiger ein, um jedoch im Gegensatz zur ‚Bild' vor einer dystopischen Welt voller militarisierter, technologisierte sowie bio- politischer Grenzen zu warnen. Strategien können für denselben Diskurs genau konträr als Argumentationsstütze der eigenen Weltanschauung verwendet werden.

Die Covid-19-Pandemie hat sich auf unterschiedliche Weise auf die EU-Solidarität ausgewirkt. In einem Bereich lässt sich das durch den Grenzdiskurs und die mediale Berichterstattung deutlich erkennen – Identität. Die Analyse und die Diskussion haben gezeigt, dass hier eine Schnittstelle der Bereiche Solidarität, Grenze und Covid-19 besteht. Es findet ein reziproker Prozess zwischen Grenze und Identität statt, der sich auf ein solidarisches Verhalten während der Covid-19-Pandemie ausgewirkt hat. Die Grenzschließungen haben emotionale Reaktionen hervorgerufen und von Individuen und Gesellschaften eine Positionierung eingefordert. Die Analyse hat zudem gezeigt, dass diese Emotionalisierung durch die anhaltenden Grenzschließungen ausgelöst wurde; je länger die Grenzen kontrolliert und geschlossen waren, desto auffälliger waren die daraus entstehenden Problematiken für die Menschen.

Anknüpfungspunkte an dieser Studie liegen in der weiteren Betrachtung medialer Diskurse zur europäischen Solidarität. Weitere Forschung könnte den südosteuropäischen Raum mit in eine Diskursanalyse zu Grenzschließungen und Solidarität aufnehmen und hierdurch eine neue Perspektive hinzufügen. Darüber hinaus könnte durch zukünftige Forschung der Aspekt des russischen Angriffskrieges gegen die Ukraine und der Auswirkungen auf die europäische Solidarität untersucht werden. Hierzu könnte anschließend die Entwicklung der Solidarität in einer Krisensituation (Covid-19) und in einer anderen Krisensituation (völkerrechtswidriger Überfall auf die Ukraine) miteinander verglichen werden. Auch ließe sich der Grenzdiskurs als Teilaspekt durch die militärische Verschiebung von Grenzen durch Besatzung einerseits und die gesellschaftliche und politische Orientierung der Ukraine sowie der Republik Moldau und Georgiens an der EU andererseits dahingehend weiterbetrachten, dass die Schengen-Grenzdebatten und EU-Solidarität auch in anderen Bereichen für mögliche anschließende Forschungen relevante Überschneidungspunkte haben.

Schlussendlich lässt sich festhalten, dass europäische Solidarität – oder vielmehr Solidaritäten – sich ständig im Wandel befindet. Solidarität wird geformt von weltpolitischen Entwicklungen und reagiert gleichzeitig auf unterschiedliche Entwicklungen. Sie ist dabei abhängig von der Bereitschaft einzelner Akteur:innen, aber auch von den einzelnen Bereichen, in denen Solidarität benötigt und gefordert wird. Der Grenzdiskurs zeigt auf, dass staatliche Solidarität zwischen den einzelnen Mitgliedsstaaten der EU und des Schengen-Abkommens stark geprägt von den nationalen Alleingängen ist. Die Gesellschaften hingegen betrachten die Alleingänge ihrer Regierungen insgesamt skeptischer und praktizieren europäische Solidarität bereits im Kleinen auf regionaler Ebene, unabhängig von einem medial begleiteten Diskurs. Für kommende Krisen lässt sich hoffen, dass die politischen Entscheidungsträger:innen diese gesellschaftliche Entwicklung erkennen, ihre Handlungen daran anpassen und reale staatliche europäische Solidarität in Krisenzeiten ausüben. Das entspräche dem EU-Motto ‚In Vielfalt geeint.'

Literaturverzeichnis

Quellen: Theorie und Methodik

Akin Ocak, Pırıl/Çağrı Erhan (2021): A Litmus Test for the EU: Solidarity Principle and Challenges by COVID-19 in 2020, in: *Uluslararası İlişkiler Dergisi*, S. 21–43, [online] doi:10.33458/uidergisi.947511.

Angermuller, Johannes/Dominique Maingueneau/Ruth Wodak, Hrsg. (2014): The discourse studies reader. An introduction, in: *The discourse studies reader. Maincurrents in theory and analysis*, S. 1–14. Amsterdam: Benjamins.

Bieling, Hans-Jürgen/Lerch (2005): *Theorien der europäischen Integration*, Weinheim, Deutschland: Beltz Verlag.

Biemann, Juli/ Florian Weber (2020): Energy Borderlands – eine Analyse medialer Aushandlungsprozesse um das Kernkraftwerk Cattenom in der Großregion SaarLorLux, in: Florian Weber/Christian Wille/Beate Ceasar/Juliuan Hollstegge(Hrsg.), *Geographien der Grenze: Räume – Ordnungen – Verflechtungen*, 1. Aufl. 2020, Wiesbaden, Deutschland: Springer VS, S. 73 -94.

BMG (2022): Chronik zum Coronavirus SARS-CoV-2, Bundesministerium fürGesundheit, [online] https://www.bundesgesundheitsministerium.de/coronavirus/chronik- coronavirus.html [abgerufen am 05.08.2022].

BMI (2020) Coronavirus: Fortsetzung der vorübergehenden Binnengrenzkontrollen biszum 4. Mai 2020, Pressemitteilung, [online] https://www.bmi.bund.de/SharedDocs/pressemitteilun- gen/DE/2020/04/verlaengerung-grenzkontrollen.html [abgerufen am: 16. April 2022].

bpb (2019): Die Zeit, eurotopics.net, [online] https://www.eurotopics.net/de/148505/die-zeit [abgerufen am 03.08.2022].

bpb (2020): Bild, eurotopics.net, [online] https://www.eurotopics.net/de/148423/bild[abgerufen am 03.08.2022].

bpb (2021): Solidarität, bpb.de, [online] https://www.bpb.de/kurz- knapp/lexika/politiklexikon/18209/solidaritaet/ [abgerufen am 08.08.2022].

bpb (2022): Der Standard, eurotopics.net, [online] https://www.eurotopics.net/de/148488/der-standard [abgerufen am 03.08.2022].

Britannica, The Editors of Encyclopaedia (2017a): Daily Express | British newspaper,Encyclopedia Britannica, [online] https://www.britannica.com/topic/Daily- Express [abgerufen am 03.08.2022].

Britannica, The Editors of Encyclopaedia (2017b): The Independent | Britishnewspaper, Encyclopedia Britannica, [online] https://www.britannica.com/topic/The-Independent-British-newspaper[abgerufen am 03.08.2022].

Brunet-Jailly, Emmanuel (2011): *Special Section: Borders, Borderlands and Theory:An Introduction*, Geopolitics, 16:1, S. 1-6, [online] 10.1080/14650045.2010.493765.

Bröse, Johanna (2020): Solidarität in Bewegung(en), in: Ursula Filipič/Annika Schönauer (Hrsg.), *Quo vadis Partizipation und Solidarität?*, Wien: Verlag desÖGB, S.48-59, https://nbn-resolving.org/urn:nbn:at:at-akw:g-3495263.

Buckel, Sonja/Kannankulam, John/Wissel, Jens/Georgi, Fabian (2017): *The Europeanborder regime in crisis*. Theory, methods and analyses in critical European studies. Studien 8/2017, Rosa-Luxemburg-Stiftung, Berlin: RLS.

Crossey, Nora (2020): Corona – neue Herausforderungen und Perspektiven für Grenzraumpolitiken und grenzüberschreitende Governance, in: *Borders in Perspective UniGR-CBS Thematic Issue. Bordering in Pandemic Times: Insightsinto the COVID-19 Lockdown*, Vol. 4, S. 69-72, [online] https://doi.org/10.25353/ubtr-xxxx-b825-a20b.

Dudenredaktion (o. D.): Grenze, in: *Duden*, [Wörterbucheintrag] https://www.duden.de/rechtschreibung/Grenze [abgerufen am 18.05.2022].

Eigmüller, Monika (2020): Grenzen und Europa, in: Dominik Gerst/Maria Klessmann/Hannes Krämer (Hrsg.), *Grenzforschung: Handbuch fürWissenschaft und Studium*, Baden-Baden, Deutschland: Nomos Verlagsgesellschaft, S. 257–266.

Eigmüller, Monika/Georg Vobruba (2016): Einleitung: Warum eine Soziologie derGrenze, in: *Grenzsoziologie: Die politische Strukturierung des Raumes*, 2., aktualisierte Aufl. 2016, Wiesbaden, Deutschland: Springer VS, S. 1–6.

Euro-Informationen (2022): Schengener Abkommen - EU-Info.de, EU-Info. Deutschland, [online] https://www.eu-info.de/europa/schengener-abkommen/[abgerufen am 08.08.2022].

Europäische Union (o. D.): Das Motto der EU, European Union, [online] https://european-union.europa.eu/principles-countries-history/symbols/eu-motto_de [abgerufen am 22.09.2022].

Fairclough, Norman/Jane Mulderrig/Ruth Wodak (2011): Critical discourse analysis, in: *Discourse as social interaction*, Hrsg. Teun A. van Dijk, S. 357–378. London: Sage.

Foucault, Michel (1983): *Der Wille zum Wissen: Sexualität und Wahrheit 1*,Frankfurt/Mainz, Deutschland: Suhrkamp.

Foucault, Michel (2008): *Die Hauptwerke*, 1. Aufl., Frankfurt am Main, Deutschland:Suhrkamp Verlag.

Friedrich-Ebert-Stiftung (o. D.): Solidarität in Zeiten der Krise, fes.de, [online] https://www.fes.de/akademie-management-und-politik/veroeffentlichungen/mup-interviews/solidaritaet-in-zeiten-der-krise[abgerufen am 12.09.2022].

Hart, Chris/Piotr Cap, Hrsg (2014): *Contemporary critical discourse studies*. London: Bloomsbury.

Hartmann, Martin/ Sascha Tamm (2013): Solidarität, in: *Aus Politik und Zeitgeschichte: Politische Grundwerte*, Jg. 63, 34-36/2013, S. 39-47.

Herrmann, Goetz/Andreas Vasilache (2020): Grenze, Staat und Staatlichkeit, in: Dominik Gerst/Maria Klessmann/Hannes Krämer (Hrsg.), *Grenzforschung: Handbuch für Wissenschaft und Studium*, Baden-Baden, Deutschland: Nomos Verlagsgesellschaft, S. 68–88.

Hirschhausen, Béatrice von (2020): Phantomgrenzen als heuristisches Konzept für die Grenzforschung, in: Dominik Gerst/Maria Klessmann/Hannes Krämer (Hrsg.),*Grenzforschung: Handbuch für Wissenschaft und Studium*, Baden-Baden, Deutschland: Nomos Verlagsgesellschaft, S. 175–189.

Houtum, Henk van/Ton van Naerssen (2002): Bordering, ordering and othering, in: *Tijdschrift voor Economische en Sociale Geografie 93*, H. 2, S. 125–136.

Januschek, Franz (2019): Kritikbegriffe in der Kritischen Diskursanalyse, in: Antje Langer/Martin Nonhoff/Martin Reisigl (Hrsg.), *Diskursanalyse und Kritik: Interdisziplinäre Diskursforschung*, 1. Aufl. 2019, Wiesbaden, Deutschland:Springer VS, S. 121–148.

Jessop, Bob (2007): *Kapitalismus, Regulation, Staat*. Ausgewählte Schriften. Hamburg: Argument.

Joppe, Anne (2021): EU Solidarity, Illustrated by the Covid-19 Crisis, in: *Utrecht Law Review*, Bd. 17, Nr. 3, S. 130–142, [online] doi:10.36633/ulr.683.

Kanesu, Rebekka (2020): Reflections on a Boundless Critter in a Bordered World, in:*Borders in Perspective UniGR-CBS Thematic Issue. Bordering in Pandemic Times: Insights into the COVID-19 Lockdown*, Vol. 4, S. 81-84, [online] https://doi.org/10.25353/ubtr-xxxx-b825-a20b.

Keller, Rainer/Andreas Hirseland/Werner Schneider/Willi Viehöver, Hrsg. (2013): *Handbuch sozial-wissenschaftliche Diskursanalyse*,3.Aufl. Opladen: WDV.

Kühntopf, Michael (2014): Bild (Zeitung) – Jewiki, jewiki.net, [online] https://www.jewiki.net/wiki/Bild_(Zeitung)#cite_ref-58 [abgerufen am22.09.2022].

Marung, Steffi (2013): *Die wandernde Grenze: Die EU, Polen und der Wandel politischer Räume, 1990–2010 (Transnationale Geschichte, Band 1)*, 1. Aufl.,Göttingen, Deutschland: Vandenhoeck & Ruprecht.

MBFC (2022): Daily Express, Media Bias/Fact Check, [online] https://mediabiasfactcheck.com/daily-express/ [abgerufen am 03.08.2022].

Medick, Hans (2016): Grenzziehungen und die Herstellung des politischsozialen Raumes, in: Monika Eigmüller/Georg Vobruba (Hrsg.), *Grenzsoziologie: Die politische Strukturierung des Raumes*, 2., aktualisierte Aufl. 2016, Wiesbaden, Deutschland: Springer VS, S. 31–48.

Merriam-Webster (o. D.): Rail (at or against), in: *Merriam-Webster.com thesaurus,*[Wörterbucheintrag] https://www.merriam- webster.com/thesaurus/railing%20 (at%20or%20against) [abgerufen am 27.08.2022].

Morehouse, Barbara J. (2016): Theoretical Approaches to Border Spaces and Identities,in: Vera Pavlakovich-Kochi/Doris Wastl-Walter/Barbara J. Morehouse (Hrsg.), *Challenged Borderlands: Transcending Political and Cultural Boundaries*, S. 19–39, [online] doi:10.4324/9781315260709.

Newman, David/Anssi Paasi (1998): Fences and neighbours in the postmodern world: boundary narratives in political geography, in: *Progress in Human Geography*,Bd. 22, Nr. 2, S. 186–207, [online] doi:10.1191/030913298666039113.

Opiłowska, Elżbieta (2020): The Covid-19 crisis: the end of a borderless Europe?, in:*European Societies*, Bd. 23, Nr. sup1, S. 589–600, [online] doi:10.1080/14616696.2020.1833065.

Paasi, Anssi (1998): Boundaries as social processes: Territoriality in the world of flows. Geopolitics, 3(1), S. 69–88, [online] https://doi.org/10.1080/14650049808407608.

Paasi, Anssi (2018): Borderless worlds and beyond, in: Anssi Paasi/Eeva-Kaisa Prokkola/Jarkko Saarinen/Kaj Zimmerbauer (Hrsg.), *Borderless Worlds for Whom?: Ethics, Moralities and Mobilities*, London, Großbritannien: Taylor &Francis Inc, S. 21–36.

Paasi, Anssi (2020): Problematizing 'Bordering, Ordering, and Othering' as Manifestations of Socio-Spatial Fetishism, in: *Tijdschrift voor Economische enSociale Geografie*, Bd. 112, Nr. 1, S. 18–25, [online] doi:10.1111/tesg.12422.

Radil, Steven M./Jaume Castan Pinos/Thomas Ptak (2020): Borders resurgent: Towardsa post-Covid-19 global border regime?, in: *Space and Polity*, Bd. 25, Nr. 1, S. 132–140, [online] doi:10.1080/13562576.2020.1773254.

Reder, Michael/Alexander Heindl (2020): Politische Solidarität in transnationaler Perspektive, in: *WSI-Mitteilungen*, Bd. 73, Nr. 5, S. 349–355, [online] doi:10.5771/0342-300x-2020-5-349.

Reisigl, Martin (2017): The Discourse-Historical Approach, in: John Flowerdew/JohnRichardson (Hrsg.), *The Routledge Handbook of Critical Discourse Studies*, Abingdon, UK: Routledge Handbooks Online, S. 44–59.

Reisigl, Martin/Friedemann Vogel (2020): Kritische Diskursanalyse/CDA, in: *Handbuch Sprachkritik*, S. 189–195, [online] doi:10.1007/978-3-476-04852-3_24.

RND (2022): Corona-Chronologie: So breitete sich das Virus weltweit aus, RND.de, [online] https://www.rnd.de/gesundheit/corona-chronologie-so-breitete-sich-das-virus-weltweit-aus-7C2UEG75SYWXCCNHNLJGY2BU4A.html [abgerufen am 05.08.2022].

Ross, Malcolm (2020): Transnational solidarity: A transformative narrative for the EUand its citizens?, in: *Acta Politica*, Bd. 56, Nr. 2, S. 220–241, [online] doi:10.1057/s41269-020-00170-8.

Rumford, Chris, ed. (2008): Citisens and Borderwork in Contemporary Europe. London: Routledge.

Sangiovanni, Andrea (2013): Solidarity in the European Union, in: *Oxford Journal ofLegal Studies*, Bd. 33, Nr. 2, S. 213–241, [online] doi:10.1093/ojls/gqs033.

Sangiovanni, Andrea (2015): Solidarity as Joint Action, in: *Journal of Applied Philosophy*, Bd. 32, Nr. 4, S. 340–359, [online] doi:10.1111/japp.12130.

Schubert, Klaus/Martina Klein (2020): *Das Politiklexikon: Begriffe. Fakten. Zusammenhänge*, 7., aktual., Bonn, Deutschland: Dietz, J H.

Shi-Kupfer, Kristin (2020): China-Versteher machen alles noch schlimmer, Zeit Online, [online]https://www.zeit.de/zustimmung?url=https%3A%2F%2Fwww.zeit.de%2Fpolitik%2Fausland%2F2020-04%2Fcoronavirus-ausbruch-china-kritik- regierung-verantwortung [abgerufen am 13.09.2022].

Simmel, Georg (1908; 1992): Soziologie. Untersuchungen über die Formen der Vergesellschaftung, Kapitel IX, S. 687-698, in: *Georg Simmel Gesamtausgabe.*Herausgegeben von Otthein Rammstedt, Frankfurt a.M.: Suhrkamp.

Susen, Simon (2018): Jürgen Habermas: Between Democratic Deliberation and Deliberative Democracy, in: Ruth Wodak and Bernhard Forchtner (Eds.), *TheRoutledge Handbook of Language and Politics*, London: Routledge, S. 43-66.

Tagesschau (2020): Entscheidung der Bundesregierung: Lockerungen an den Grenzen ab Samstag, tagesschau.de, [online] https://www.tagesschau.de/inland/seehofer-grenzen-101.html [abgerufen am 08.08.2022].

Tagesschau (2022a): Chronik zur Coronakrise: Ein Virus verändert die Welt, tagesschau.de, [online] https://www.tagesschau.de/faktenfinder/hintergrund/corona-chronik-pandemie-103.html [abgerufen am 08.08.2022].

Tagesschau (2022b): Coronavirus: Der Ausbruch einer Pandemie, tagesschau.de, [online] https://www.tagesschau.de/faktenfinder/hintergrund/corona-chronik-pandemie-101.html [abgerufen am 05.08.2022].

Ulrich, Peter (2020): Re-Figuration von Grenzen und Ordnungen im sozialen Raum. Konzeptualisierung eines Analysemodells partizipativer Governance in EU- Grenzregionen, in: Florian Weber/Christian Wille/Beate Caesar/Julian Hollstegge (Hrsg.), *Geographien der Grenzen: Räume - Ordnungen - Verflechtungen*, 1. Aufl. 2020, Wiesbaden, Deutschland: Springer VS, S. 167–190.

Voßkuhle, Andreas (2021): *Europa, Demokratie, Verfassungsgerichte*, Originalausgabe, Berlin, Deutschland: Suhrkamp Verlag.

Weber, Florian (2018): Diskurstheoretische Grundlagen in Anschluss an Ernesto Laclauund Chantal Mouffe, in: *Konflikte um die Energiewende: RaumFragen: Stadt – Region – Landschaft,* Springer VS, Wiesbaden, S. 9-41, [online] https://doi.org/10.1007/978-3-658-20524-9_2.

Weber, Florian/Christian Wille/Beate Ceasar/Julian Hollstegge (2020): *Geographien der Grenzen: Räume – Ordnungen – Verflechtungen*, 1. Aufl. 2020, Wiesbaden,Deutschland: Springer VS, S. 3-24.

Weber, Florian/Christian Wille (2020): Grenzgeographien der COVID-19-Pandemie, in: Florian Weber/Christian Wille/Beate Ceasar/Julian Hollstegge (Hrsg.), *Geographien der Grenzen: Räume – Ordnungen – Verflechtungen*, 1. Aufl. 2020, Wiesbaden, Deutschland: Springer VS, S. 191–224.

Weber, Florian (2020): Das Coronavirus und die Erosion von Gewissheiten, in: *Bordersin Perspective UniGR-CBS Thematic Issue. Bordering in Pandemic Times: Insights into the COVID-19 Lockdown*, Vol. 4, S. 33-38, [online] https://doi.org/10.25353/ubtr-xxxx-b825-a20b.

Wodak, Ruth/Rudolf de Cillia/Martin Reisigl/Karin Liebhart (2009): *The DiscursiveConstruction of National Identity (Critical Discourse Analysis)*, 2. Aufl., Edinburgh, UK: Edinburgh University Press Ltd.

Wodak, Ruth/ Katharina Köhler (2010): *Wer oder was ist »fremd«? Diskurshistorische Analyse fremdenfeindlicher Rhetorik in Österreich*, SWS-Rundschau (50.Jg.) Heft 1/ 2010: S. 33–55.

Wodak, Ruth (2011a): Critical Discourse Analysis, in: Ken Hyland/Brian Paltridge(Hrsg.), *The continuum companion to discourse analysis*, London, UK: Bloomsbury Academic, S. 38–53.

Wodak, Ruth (2011b): Critical Linguistics and Critical Discourse Analysis, in: Jan Zienkowski/Jan-Ola Ostman/Jef Verschueren (Hrsg.), *Discursive Pragmatics :(Handbook of Pragmatics Highlights, Band 8)*, Amsterdam, The Netherlands: John Benjamins Publishing Co, S. 50–70.

Wodak, Ruth/Michael Meyer, Hrsg. (2016a): Critical discourse studies: History, agenda, theory, and methodology, in: *Methods of critical discourse studies*,3. Aufl., S. 1–33. London: Sage.

Wodak, Ruth/Michael Meyer, Hrsg. (2016b): *Methods of critical discourse studies*,3. Aufl. London: Sage.

Wodak, Ruth (2018): Diskursanalyse, in: *Handbuch Organisationssoziologie*, S. 1–22, [online] doi:10.1007/978-3-658-16937-4_40-2.

Wodak, Ruth (2019): Diskursanalyse, in: Claudius Wagemann, Achim Goerres, Markus Siewert (eds), *Handbuch Methoden der Politikwissenschaft*, Springer Reference

Sozialwissenschaften, Springer VS, Wiesbaden, S. 1-22, [online]https://doi.org/10.1007/978-3-658-16937-4_40-2.

ZDF (2021): Brüssel will Schengen-Raum reformieren, EU-Kommission: Brüssel will Schengen-Raum reformieren - ZDFheute, [online] https://www.zdf.de/nachrichten/politik/eu-kommission-schengen-reformplan- 100.html [abgerufen am 24.08.2022].

Quellen Analyse: Zeitschriften

Aurora, Steffen (2020): Holpriger Start bei Grenzkontrollen zu Italien, DER STANDARD, [online] https://www.derstandard.at/consent/tcf/story/2000115636395/holpriger-start-bei-grenzkontrollen [abgerufen am 28.08.2022].

Barnes, Joe (2020a): Schengen deal crumbles: Nine EU countries close borders as 170million citizens on lockdown, Express.co.uk, [online] https://www.express.co.uk/news/world/1255819/coronavirus-freedom-of- movement-EU-Schengen-Europe-travel-latest-news [abgerufen am 28.08.2022].

Barnes, Joe (2020b): Schengen Area crisis: EU states close borders as coronavirus outbreak grips bloc, Express.co.uk, [online] https://www.express.co.uk/news/world/1254430/coronavirus-travel-ban-EU-US-Donald-Trump-latest-update [abgerufen am 28.08.2022].

BILD (2020): Grenzöffnung zu Polen wird zur Riesen-Party: Tausende feiern |Regional, bild.de, [online] https://www.bild.de/regional/berlin/berlin- aktuell/grenzoeffnung-zu-polen-wird-zur-riesen-party-tausende-feiern-71245510.bild.html [abgerufen am 28.08.2022].

Bosotti, Aurora (2020): EU on brink as members threaten to dismantle key foundation of union amid COVID-19 crisis, Express.co.uk, [online] https://www.express.co.uk/news/world/1330808/EU-news-member-state-border-closure-Schengen-Area-free-travel-coronavirus-latest [abgerufen am 28.08.2022].

Buchan, Lizzy (2020): Coronavirus: UK will not impose Trump-style travel ban in bidto tackle outbreak, says chancellor, The Independent, [online] https://www.independent.co.uk/news/uk/politics/coronavirus-uk-travel-ban- trump-us-europe-delay-phase-new-cases-a9396276.html [abgerufen am 28.08.2022].

Finkenzeller, Karin (2020): Geschlossene Grenzen: Perl stößt an seine Grenzen, Zeit Online, [online] https://www.zeit.de/zustimmung?url=https%3A%2F%2Fwww.zeit.de%2Fpolitik%2Fausland%2F2020-05%2Fgeschlossene-grenzen-eu-perl-mosel- dreiaendereck-handel-pendler%2Fkomplettansicht [abgerufen am 28.08.2022].

Hawker, Luke (2020): EU divided: Juncker takes swipe at Merkel over border closures - „Victim of Berlin!", Express.co.uk, [online] https://www.express.co.uk/news/world/1285871/eu-news-european-union-jean-claude-juncker-angela-merkel-germany-borders-coronavirus [abgerufen am 28.08.2022].

Ladurner, Ulrich (2020a): Grenzschließungen: Wo ist das Europa, das schützt?, Zeit Online, [online] https://www.zeit.de/zustimmung?url=https%3A%2F%2Fwww.zeit.de%2F politi k%2Fdeutschland%2F2020-03%2Fgrenzschliessungen-coronavirus-pandemie-deutschland-eu [abgerufen am 28.08.2022].

Ladurner, Ulrich (2020b): EU und Coronavirus: Wo ist Europa?, Zeit Online, [online] https://www.zeit.de/zustimmung?url=https%3A%2F%2Fwww.zeit.de%2Fpoliti k%2Fausland%2F2020-03%2Feu-coronavirus-europaeische-union-korrdination-krisenmanagement%2Fkomplettansicht [abgerufen am 28.08.2022].

Link, Albert (2020): Corona-Krise: Deutschland setzt EU-Einreisestopp SOFORT um |Politik, bild.de, [online] https://www.bild.de/politik/ausland/politik- ausland/corona-krise-gilt-der-eu-einreisestopp-auch-fuer-die-brexit-briten- 69447264.bild.html [abgerufen am 28.08.2022].

Merrick, Rob (2020): Coronavirus: EU suspends all non-essential foreign arrivals to halt pandemic spread, The Independent, [online] https://www.independent.co.uk/news/world/europe/coronavirus-europe-travel-ban-schengen-border-germany-france-eu-commission-a9404656.html [abgerufen am 28.08.2022].

Neuhold, Thomas (2020): Unmut Ã¼ber Corona-Grenzsperren in Bayern undÃ– sterreich immer grÃ¶ÃŸer, DER STANDARD, [online] https://www.derstandard.at/consent/tcf/story/2000117349797/unmut-ueber- corona-grenzsperren-in-bayern-und-oesterreich-immer-groesser [abgerufen am28.08.2022].

Pallaver, Günther (2020): GrenzÃ¶ffnung: Das Ende des SÃ¼dtiroler Wunschkonzerts,DER STANDARD, [online] https://www.derstandard.at/consent/tcf/story/2000117822335/grenzoeffnung- das-ende-des-suedtiroler-wunschkonzerts [abgerufen am 28.08.2022].

Robinson, Aimee (2020): Europe reopens borders & welcomes back tourism - travelban ruled „no longer effective", Express.co.uk, [online] https://www.express.co.uk/travel/articles/1295964/holidays-2020-europe- coronavirus-travel-ban-ineffective-eu-commission-latest [abgerufen am 28.08.2022].

Solms-Laubach, Franz /Frank Schneider (2020): Wegen Corona: Deutschland verschärft Grenzkontrollen | Politik, bild.de, [online] https://www.bild.de/politik/inland/politik-inland/wegen-corona-deutschland- verschaerft-grenzkontrollen-69359134.bild.html [abgerufen am 28.08.2022].

Sommavilla, Fabian (2020): Ohne Impfpass kein GrenzÃ¼bertritt: Wie Corona Grenzen militarisiert, DER STANDARD, [online] https://www.derstandard.at/consent/tcf/story/2000117194363/ohne-impfpass-kein-grenzuebertritt-wie-corona-grenzen-mililtarisiert [abgerufen am 28.08.2022].

Stone, Jon (2020a): EU to keep external borders closed until at least mid-June, The Independent, [online] https://www.independent.co.uk/news/world/europe/europe-borders-closed-summer-june-travel-coronavirus-a9505841.html [abgerufen am 28.08.2022].

Stone, Jon (2020b): UK facing choice of whether to join EU coronavirus travel ban, The Independent, [online] https://www.independent.co.uk/news/uk/politics/coronavirus-travel-ban-uk-eu- foreign-office-advice-dominic-raab-europe-a9407431.html [abgerufen am 28.08.2022].

Tiede, Peter/Robert Becker (2020): Corona-Virus: Innenminister Horst Seehofer erklärtdie Grenzschließungen | Politik, bild.de, [online] https://www.bild.de/politik/inland/politik-inland/corona-virus-innenminister- horst-seehofer-erklaert-die-grenzschliessungen-69407984.bild.html [abgerufen am 28.08.2022].

Zeit (2020a): Coronavirus: Deutschland riegelt Grenzen zu fünf Ländern teilweise ab, Zeit Online, [online] https://www.zeit.de/zustimmung?url=https%3A%2F%2Fwww.zeit.de%2Fpoliti k%2Fdeutschland%2F2020-03%2Fcoronavirus-deutsche-grenzen-ab-montag- geschlossen [abgerufen am 28.08.2022].

Zeit (2020b): Lockerungen der Corona-Auflagen: Immer mehr Grenzen werden geöffnet, Zeit Online, [online] https://www.zeit.de/zustimmung?url=https%3A%2F%2Fwww.zeit.de%2F politi k%2Fausland%2F2020-06%2Fgrenzoeffnung-frankreich-lockerung-corona- auflage-europaeische-union [abgerufen am 28.08.2022].